2015
中国产业园区持续发展蓝皮书
中国100强产业园区持续发展指数报告

同济大学发展研究院

任　浩　甄　杰　叶江峰　仲东亭
陶　晨　喻细花　佟　星　朱国华　著

同济大学出版社
TONGJI UNIVERSITY PRESS

内 容 提 要

本书对2014年中国产业园区发展2.0观点进行了深化与补充，提出2015年中国产业园区发展的主题是“园区融合化与国家化”，以及产业园区的“走出去”是中国走向国际和园区国际化的一个新的重要内涵。本书延续了2013年中国产业园区持续发展的评价指标体系，对2015年中国产业园区持续发展进行综合排名与分析，形成中国国家级产业园区持续发展竞争力百强榜单。本书对于产业园区的政府主管部门领导、产业园区管理者、专家学者等读者了解产业园区最新资料、掌握理论研究成果、指导产业园区持续发展具有重要的参考价值。

图书在版编目(CIP)数据

2015中国产业园区持续发展蓝皮书：中国100强产业园区持续发展指数报告/任浩等著. —上海：同济大学出版社，2015.12

ISBN 978-7-5608-6078-7

Ⅰ.①2… Ⅱ.①任… Ⅲ.①工业园区—可持续性发展—白皮书—中国—2015 Ⅳ.①F424

中国版本图书馆CIP数据核字(2015)第270676号

2015中国产业园区持续发展蓝皮书

任 浩 甄 杰 叶江峰 仲东亭 陶 晨 喻细花 佟 星 朱国华 著

责任编辑 赵泽毓 责任校对 徐春莲 封面设计 潘向蓁

出版发行 同济大学出版社 www.tongjipress.com.cn
(地址：上海市四平路1239号 邮编：200092 电话：021-65985622)

经 销 全国各地新华书店

印 刷 上海中华商务联合印刷有限公司

开 本 787mm×1092mm 1/16

印 张 12.75

字 数 318000

版 次 2015年12月第1版 2015年12月第1次印刷

书 号 ISBN 978-7-5608-6078-7

定 价 198.00元

序 言

2015 年是中国产业园区发展第三十一年。《2014 中国产业园区持续发展蓝皮书》中，我们在总结中国产业园区 30 年发展经验的基础上，提出了基于驱动力发展的园区 1.0 向 2.0 转变的观点，即由“政策、行政化、硬基础”的园区 1.0 向“制度、融合化、软环境”的园区 2.0 转变。一年来，我们接受了 50 多家媒体的采访与报道，其中，第一财经《中国产业园区报道》对我们的研究工作进行了连续性的专访报道；调研与培训了 260 余家重点产业园区；受邀参加了 10 余个国际国内论坛，并发表了有关园区发展的主题或专题报告。同济大学发展研究院作为我国研究产业园区的重要平台，已经吸引了社会的广泛关注，在多层面产生了共鸣。

在对园区和相关政府部门进行调研的过程中，我们与其充分交流，认识到将 2015 年蓝皮书的主题确定为“园区融合化与国际化”，可以凝练地反映出产业园区的重要发展趋势，并且是值得研究的“蓝色”领域，同时，也是对 2014 年提出的园区 2.0 观点的深化与补充。“融合化”是指产业发展在园区内、园区间、产业与城市间以及产业与国际间的整合发展，其目的一是通过融合，将园区从空间上的简单集聚转化为有机整合的产业集群，以获取产业链的整合优势；二是通过融合，整合园区内与园区外的相关产业，以获取园区空间拓展的红利，并以此构筑园区持续发展的新动力。从这个意义上讲，园区国际化是融合化的一个重要组成部分，而之所以现在将国际化从融合化中独立出来，就在于突出国际化是我国产业园区持续发展中值得关注的新问题。例如,园区国际化的广度、强度与深度,在实施国际化过程中的风险与路径等问题,需要政府、园区和学术界进行集智探讨。在《2015 中国产业园区持续发展蓝皮书》中,我们提出并研究了一个新的观点,即"园区走出去"是中国走向国际和园区国际化的一个新的重要内涵。我们研究发现,中国"走出去"可分为三部曲:即 20 世纪 80 年代以价廉为特征的"产品走出去";20 世纪 90 年代以资源和市场为特征的"企业走出去";现在我们可以而且应该选择以产业集群为特征的"园区走出去"。相较于前二者,"园区走出去"将改变我国企业在国际上单打独斗的状况,有利于打破国际区域市场壁垒,在基础设施、品牌扩展等方面更好地发挥投入少、效益好的经济性规模优势;有利于集中展现并传播我国与东道国共享发展软实力的政治性主张优势;有利于我国企业在国际区域社会不稳定条件下改善与增强威慑和防卫的安全性保障优势。据统计,目前在海外建设的园区已达到 118 家,涉及近 50 个国家和地区,但是,这些园区大都属于企业自建自用和企业自建他用这两种类型,与国外合建的园区极少;在开发规模、管理方式和运营效益等方面也还处于初级阶段。因此,"2015 年中国产业园区持续发展论坛"的主题确定为"持续发展:融合化与国际化",就是想抛砖引玉,引起业界广泛和深入的研讨,以促进中国产业园区在新的历史阶段中发展得更稳些、更强些。

2015 年的蓝皮书在基本保持原有框架的基础上做了适度精简。全书共有五章,即第 1 章 2015 年中国产业园区持续发展主报告,第 2 章中国产业园区国际化专题报告,第 3 章中国产业园区持续发展综合排名分析,第 4 章中国产业园区持续发展区域分析,第 5 章中国产业园区持续发展类别分析,以及附录。同时,略去了典型案例园区和合作排名分析两部分内容。

参加今年研究报告撰写的是:任浩、甄杰、叶江峰、仲东亭、朱国华、陶晨、佟星、喻细花、黄拓、胡海波、吴丹林、欧阳娟、王宇、王天钰、卫悦文、刘斌、章长城等。参加研究的还有周文泳、卢俊美、韩振、卞庆珍、曲怡颖、陈祖胜、任一等。科技部王宇司长、中国社科院工经所所长黄速建、漕河泾开发区总经理陈青洲、中国开发区协会副秘书长周振邦、张江高新区总经理葛培健、中马钦州产业园区常务副主任高朴、深圳高新区总经理刘胤华，以及南通经开区、大连经开区、长春高新区、连云港高新区、南宁高新区、厦门高新区、广西北部湾经济区、青岛高新区、合肥高新区、成都高新区、武汉东湖示范区、苏州工业园、海门经开区、衢州高新区、温州经开区和科技部、商务部、工信部、环保部的园区主管部门，团中央重点园区团工委等提供了许多有建设性、有价值的观点、思路与材料。

感谢三年来所有参加撰写、讨论和组织工作的团队同事持续的坚持与努力！感谢同济大学经管学院、文科办、出版社、新闻中心的指导与支持！感谢各园区的热情参与和支持！感谢科技部、商务部、工信部、环保部等园区主管部门和新华社、人民日报、第一财经《中国产业园区报道》等新闻界的支持！感谢即将于12月3日举办的“2015中国产业园区持续发展论坛”所有主办单位、协办单位和与会人士的鼎力支持！

2015年10月7日

2014 中国产业园区持续发展蓝皮书·序言

以 1984 年大连经济技术开发区挂牌建园为标志，中国产业园区建立迄今恰逢 30 周年。回顾 30 年中国产业园区初始培育、快速成长、稳定发展、创新升级的 4 个发展历程，经过与理论界探讨、与产业园区交流、与国家和地方有关园区管理部门沟通，我们发现并提出了 30 年中国产业园区发展的 1.0 版模式：即政策、行政化、硬基础“三要素”组成的驱动模式。其中，政策指产业园区普遍通过土地、财税、人才等政策的倾斜，为园区发展提供优惠的政策资源。行政化指产业园区被赋予行政职能、更高的行政级别或领导人级别高配，为园区发展提供更多的功能服务。硬基础指产业园区管委会或开发公司以大量资金投入用于给水、排水、通电、通路、通讯、通暖气、通天然气或煤气以及场地平整的建设，为园区发展提供良好的设施保障。尽管可能还有其他驱动因素，但我们认为这“三要素”无疑是中国产业园区 30 年高速发展最为基本的、且长期存在的内生要素。

经过 30 年的发展，大多数国家级园区已经不同程度地具备了上述“三要素”，1.0 版模式中的要素驱动力渐弱；同时，园区的发展环境也发生了深刻的变化。那么，驱动产业园区未来发展的新要素是什么？这是站在历史转折点的今天必须重新思考并清晰界定的。为此，本报告提出了未来产业园区发展的 2.0 版驱动模式：即制度、融合化、软环境的“新三要素”。其中，制度指制定并完善国家立法层面的产业园区管理条例，从顶层设计上明确产业园区的地位、功能等；制定并完善地方政府建设产业园区间沟通协调、利益分享等机制；重视完善产业园区管委会自身的管理制度设计，通过制度完善获取管理红利。融合化指产业园区内的企业与企业、企业与学研介的融合；园区间的资本、品牌、管理等互动融合；产业与社会间以产促城、以城兴产的融合；通过这三个层面的融合获取空间利用和拓展的红利。软环境指产业园区应重视建设智能化、信息化的智慧园区，集约化、循环发展的绿色园区，人际关系融洽、创新氛围浓厚的文化园区等；通过软投入获取创新红利。

2013 年是中国产业园区发展的重要一年。通过对 2013 年中国产业园区持续发展指数的分析，尤其是与 2012 年指数的比较研究，本报告认为，2013 年中国产业园区发展状况总体良好，受重视程度得到提高；公共服务平台有所完善，经济效益进一步提升；“东部强、中西部加快进步”的区域分布特征明显；排位靠前的知名产业园区继续表现出“全能者”的角色，但多数产业园区在五项指标中表现并不协调；创新与合作成为保持持续发展优势的关键，但园区间创新发展不均衡：合作形式重于实质。产业园区合作模式渐趋成熟。

2014 年的蓝皮书，我们在上一年的基础上作了“减二增四”的调整。减去了第 1 章中国产业园区概述和第 6 章中国产业园区持续发展的趋势、瓶颈与对策部分，增加了如下 4 个部分：其一，增加了年度主报告，突出了本报告对 2013 年度中国国家级产业园区发展概况、主要特点的分析，并提出了年度中国产业园区发展的总体评价。其二，增加了中国产业园区发展 30 年专题报告，以走向持续发展和创新驱动为主题，从中国产业园区 30 年发展历程、贡献与特点、“三聚”发展模式、政策主题演变、学术研究主题分布等五个专题进行了全面、系统地回顾总结。对产业园区 30 年的发展历程进行总结，理论界与实务界关注得不多，与这个历史节点的重要性极不匹配。本报告的 30 年回顾总结，希望能对过去 30 年有一个专业的、独特的评价，以弥补这方面的不足。其三，增加了特色典型园区的分析，2014 年的蓝皮书集中于五大评价指标中的产业合作指标，选择了在此方面做得好、做得有特色的园区进行具体深入分析。经联系、比较与评选，入围的分别有上海张江国家自主创新示范区、武汉东湖国家自主创新示范区、长沙高新技术开发区和成都高新技术开发区等四家园区。本报告集中于园区内合作、园区间合作等具体模式，分别从背景、机制、成果、问题与建议等方面对园区相关情况进行介绍与分析。今后，我们将以五大评价指标为基础，每年选择其中一个相对突出的主题进行专门深入的案例分析。其四，增加了 2013 年蓝皮书的序言、附录，考虑到在 2013 年版序言中我们已就一些重要的内容作了系统介绍，为阅读方便和深入理解，我们将《2013 中国产业园区持续发展蓝皮书》的序言放在本书之前；同时，在附录中保留了中国产业园区持续发展的评价指标，增加了国家级产业园区的名录。

参加今年研究报告撰写的是：任浩、甄杰、叶江峰、仲东亭、陶晨、喻细花、张保仓、佟星、马盼、倪慧、潘欣欣、黄拓、卢俊美、王天钰、胡海波、吴丹林、刘斌、章长城、陈祖胜、曹宁、韩振、卞庆珍、张巍、曲怡颖、夏晗等；参加研究审稿的有：霍佳震、陈青洲、周文泳、朱国华、叶明海、王莉、魏峰、马如飞、钱敏等；科技部、商务部、环保部和工信部有关园区管理部门在数据等方面给与了支持；天津泰达、武汉东湖、上海漕河泾、昆山经开区、成都高新区、长沙高新区、贵阳高新区等产业园区参加了交流。蓝皮书自 2013 年问世以来，一直得到了海内外许多媒体持续的关注和报道，这些采访报道既扩大了蓝皮书的影响，也激荡了我们对园区发展的深入思考。

感谢所有参加研究、撰写的同仁全心地投入！感谢同济大学经管学院、同济大学文科办、同济大学出版社和同济大学校领导一以贯之的支持！感谢园区的热情参与和支持！感谢科技部、商务部、环保部、工信部园区主管部门、新闻界及社会各界的支持！

2014 年 10 月 20 日于同济大厦

2013 中国产业园区持续发展蓝皮书·序言

中国产业园区是中国经济发展的重要平台。据统计,截至 2012 年 12 月,全国开发区以占全国不到 2%的开发土地面积创造了全国 GDP 总量的 12.8%。本蓝皮书研究显示,全国 100 强产业园区 GDP 总量约为 71 678 亿元,占所有国家级经济开发区和高新产业区 GDP 总量的 78%,进一步证明了产业园区特别是 100 强产业园区的重要地位。但美中不足的是,产业园区的研究存在着经济技术开发区与高新技术产业开发区评价指标不统一、评价内容不持续、评价方法难以量化的状况。为此,同济大学发展研究院基于对国内外产业园区发展路径理论的长期研究和对产业园区产业规划的丰富实践,撰写了本蓝皮书。

在研究与撰写中,我们关注的是中国产业园区的持续发展,它区别于短期的发展概念,也区别于偏重环境生态保护的可持续发展概念。"持续发展"是以"可持续发展"理念为基础,强调发展的状态,即在可持续发展的理念下,注重存量与增量协调、突出内部与外部互动、强调经济与社会和谐的长期发展状态。由此,中国产业园区持续发展即指中国产业园区以"可持续发展"理念为基础,注重存量与增量协调、突出内部与外部互动、强调经济与社会和谐的长期发展状态。《2013 中国产业园区持续发展蓝皮书》是国内第一次对产业园区的发展指数进行研究;构建的持续发展评价指标体系,是对中国产业园区未来发展的重要引导;提出的"三聚"(聚核、聚链、聚网)产业园区发展模式,是对我国产业园区发展历程的实践总结和理论提炼。

《2013 中国产业园区持续发展蓝皮书》主要包括六部分内容。一是分析中国产业园区的内涵、类型与功能，构建持续发展的评价指标体系；二是综合排名分析，形成中国产业园区持续发展竞争力百强榜单，并进行指标得分与均值排名；三是区域性排名分析，具体展示东、中、西部地区产业园区持续发展的竞争力情况，以及各省份产业园区的排名情况；四是产业园区类别分析，针对高新技术产业开发区和经济技术开发区，分别就其总体情况、前 10 强情况以及单项指标进行排名；五是园区产业合作情况排名分析，阐述产业合作的理论与实践背景，对产业合作前 10 强进行总体、区域和类别分析；六是对中国产业园区持续发展的趋势、瓶颈进行剖析，提出概要性的对策建议。

本蓝皮书指标体系的构建理念包含三个方面：一是重视持续发展。长期以来，产业园区存在着“重外部优惠政策，轻内生动力培育；重零星招商引资，轻产业链整合打造；重经济指标提升，轻区域系统协调”的瓶颈问题。本蓝皮书从“存量与增量、内部与外部、经济与社会”的三个结合，构建了产业园区持续发展指标体系。二是形成统一评价。对产业园区的现有评价指标体系基本是针对某类别、某区域或某级别园区进行专门性评价，没有对中国产业园区发展进行全面统一观测。本蓝皮书深入研究各类园区特征，将经济与创新、使用外资与出口创汇等进行等值换算，实现统一评价。三是强调“三聚”路径。由于历史原因，现有产业园区存在着自发性的道路特征。本蓝皮书依循产业园区的发展规律，提出了确定主导产业并吸引核心企业以“聚核”、拓展纵向产业链和横向服务链以“聚链”、打造公共平台并进行功能体系建设以“聚网”的“三聚”发展路径。

本蓝皮书一级指标涵盖了经济发展、创新发展、产业合作、公共服务、社会发展五个范畴。一是经济发展指标。经济发展是产业园区持续发展的基础，表现为经济实力、经济增长两个方面。二是创新发展指标。创新发展是产业园区持续发展的源动力，表现为创新资源、创新平台、创新成果三个方面。三是产业合作指标。产业合作是产业园区持续发展的有效方式，表现为园区内企业集聚度、园区合作状况两个方面。四是公共服务指标。公共服务是产业园区持续发展的支撑条件，表现为区位优势、园区组织结构、配套服务机构三个方面。五是社会发展指标。社会发展是产业园区持续发展的外延扩张，表现为环境保护和社会声誉两个方面。

同济大学发展研究院今后将继续对中国产业园区的持续发展进行观测分析，自 2013 年起，将每年出版当年的《中国产业园区持续发展蓝皮书》，并发布中国 100 强产业园区持续发展指数报告。

本蓝皮书由任浩、甄杰、叶江峰、曹宁、陶晨、喻细花执笔；参加撰写的还有马盼、倪慧、黄拓、卢俊美以及张保仓、陈祖胜、卞庆珍、韩振、夏晗、俞珊、曹文晶、李晓玉、王天钰；为本蓝皮书完成作出贡献的专家有霍佳震、周文泳、陈青洲、徐承军等；新华社上海分社、港澳资讯产业股份有限公司等也提供了宝贵的支持；本蓝皮书的合作单位是华东政法大学企业发展研究所。2013 年 12 月 30 日，《中国产业园区持续发展蓝皮书暨中国 100 强产业园区排行榜》在同济大学正式发布，中国新闻社、新华社、人民日报、经济日报、解放日报、文汇报等全国 24 家媒体的记者与领导出席发布会，并对此进行了充分报道；同济大学江波副校长出席会议并致辞。《中国产业园区持续发展蓝皮书》的发布引起了中央有关部委、地方省市级政府、许多产业园区管委会以及专家学者的热情关注与肯定。本书能在较短时间内高质量地出版得益于同济大学出版社，特别是支文军社长的积极支持。在此，向长期以来关心和支持我们工作的同济大学经管学院、同济大学以及社会各界表示诚挚的谢意。

2013 年 12 月 31 日

目 录

第 4 章 中国产业园区持续发展区域排名分析

第 5 章　中国产业园区持续发展类别排名分析

附录

第 1 章

2015 年中国产业园区持续发展主报告

2014—2015 年度，中国产业园区积极依靠创新驱动举措，加快园区转型升级，为国民经济社会发展做出了突出贡献。在深化发展的过程中，中国产业园区积极响应国家区域发展总体方针，在对外开放方面加快探索进程并稳健迈出“走出去”的步伐，在实施国家“一带一路”重大战略方面发挥了重要载体作用。

1.1　2014 中国产业园区持续发展年度报告

2014—2015 年度报告以中国 501 家国家级园区为对象，针对 20 项指标进行 2014 年相关数据的搜集与处理，测量其持续发展水平，从而对国家级产业园区持续发展竞争力进行总体排名，得出 2014 年中国产业园区持续发展百强榜。

1.1.1　产业园区呈现稳步发展态势

2014 年度，中国产业园区发展格局未发生大的变化。东部地区产业园区仍然保持较快发展，经开区、高新区各有特色并展示出发展潜力。新增国家级经开区 8 家，分别位于黑龙江双鸭山、天津东丽、浙江慈溪、云南大理、湖南望城、安徽宣城、浙江丽水、江苏相城，累计达到 218 家。新增国家级高新区 7 家，分别位于辽宁阜新、江苏南通、福建漳州、内蒙古金山、吉林通化、宁夏石嘴山、新疆石河子，累计达到 115 家。

与此同时，2014—2015 年，国家开始启动一系列重大战略布局，主要包括两大方面：推动经济发展提质增效与主导国际区域协同发展。前者通过重视国内产业转型升级、中国制造、“互联网 + ”、大众创新创业等方式得以实现；后者同时面向国内和国外，表现为对外开放、“一带一路”和长江经济带战略、京津冀、长三角、珠三角等城市群战略。在上述重大战略中，产业园区均作为主要载体和平台，发挥了关键性作用。2015 年 5 月 5 日，中共中央国务院发布《关于构建开放型经济新体制的若干意见》，其中，产业园区再次被强调作为构建开放型经济新体制的重要载体和抓手予以推进，产业园区的国际化、融合化态势凸显。

1.1.2 转型升级与创新发展进程加快

《关于构建开放型经济新体制的若干意见》指出，要推动开发区转型升级和创新发展。加强国家级经开区、高新区、海关特殊监管区域以及省级开发区等各类开发区的规划指导、创新发展。大力发展先进制造业、生产性服务业和科技服务业，推动区内产业升级，建设协同创新平台，实现产业结构、产品附加值、质量、品牌、技术水平、创新能力的全面提升。推动开发区绿色、低碳、循环发展，继续深化节能环保国际合作。不断改善投资环境，进一步规范行政管理制度，完善决策、执行、监督和考核评价体系，避免同质竞争，努力把开发区建设成为带动地区经济发展和实施区域发展战略的重要载体，构建开放型经济新体制和培育吸引外资新优势的排头兵、科技创新驱动和绿色集约发展的示范区。

在经开区方面，转型升级、创新发展成为国家级经开区未来建设的主旋律。2014 年 10 月 30 日，国务院办公厅发布《促进国家级经济技术开发区转型升级创新发展的若干意见》(国办发〔2014〕54 号)，提出要进一步发挥国家级经开区作为改革试验田和开放排头兵的作用，促进国家级经开区转型升级、创新发展，努力实现由追求速度向追求质量转变，由政府主导向市场主导转变，由同质化竞争向差异化发展转变，由硬环境见长向软环境取胜转变。其中，明确要求按照地区不同进行分类指导，即东部地区经开区要率先实现转型发展，继续提升开放水平，在更高层次参与国际经济合作与竞争，提高在全球价值链及国际分工中的地位。中西部地区经开区要依托本地比较优势，着力打造特色和优势主导产业，提高承接产业转移的能力，防止低水平重复建设，促进现代化产业集群健康发展。

在高新区方面，依托国家级高新区建设国家自主创新示范区的战略得以加快实施。2014—2015 年，陆续有深圳、苏南、天津、长株潭、成都、杭州 6 个国家自主创新示范区相继设立(累计达到 10 家)。其中，深圳是全国首个以城市为基本单位建设的国家自主创新示范区；苏南国家自主创新示范区包括了南京、苏州、无锡、常州、昆山、江阴、武进、镇江 8 个高新区和苏州工业园区；长株潭国家自主创新示范区包括长沙、株洲、湘潭 3 个高新区；成都国家自主创新示范区是西部第一家该类示范区；杭州国家自主创新示范区包括杭州和萧山 2 个高新区。上述国家自主创新示范区均制定了 5 年规划纲要，将全面享有国家自主创新示范区的相关政策，并结合自身特点，在推进创新创业、科技成果转化、人才引进、科技金融结合、知识产权运用和保护、新型创新组织培育、产城融合等方面积极探索。2015 年 6 月 13 日，北京中关村、武汉东湖、上海张江、深圳、成都、西安、杭州、苏州工业园区 8 家国家高新区，就加快创新驱动、建设世界一流高科技园区达成“武汉共识”。

除了商务部、科技部、环保部等国家部委之外，国家发改委也积极实施功能区战略，于 2015 年 7 月推出产城融合示范区建设，促进产业园区转型升级和创新发展。国家发改委将在全国范围内选择约 60 个条件成熟的地区，基于已有的产业园区，按照产城融合发展的理念，加快产业园区从单一的生产型园区经济向综合型城市经济转型，推动该区域发展成为产业发展基础较好、城市服务功能完善、边界相对明晰的城市综合功能区，加快培育新的经济增长点，形成功能各异、相互协调补充的区域发展格局。

可以看出，产业园区在发展过程中更加多元化和融合化。经开区侧重于转型升级，高新区侧重于创新发展，而产城融合示范区则在关注园区与城市功能融合方面进行了部署，为具备产业功能的园区增添了生活功能。产业园区考虑生活配套以及城市考虑产业发展，这两者具有区别并表现在三个方面：一是目的不同，园区产城融合是为了增强园区持续发展的动力，城市办产业是为了发挥城市的资源整合能力；二是性质不同，当前我国产业园区以制造业为主，而城市则更多地表现为都市型工业；三是比重不同，园区内产业的比重大概在 60% 以上，生活配套方面的比重在 30% 左右，城市中两者的比重则刚好相反。

1.1.3 在国家区域发展和对外开放中扮演重要角色

《关于构建开放型经济新体制的若干意见》指出，要加强对走出去的统筹谋划和指导，积极推动形成全方位的区域开放新格局，以区域开放的提质增效带动经济的协调发展。在国家的区域发展与对外开放方面，中国产业园区的作用主要表现在以下四个方向：

(1) 承载城市群和经济带梯度发展。产业园区作为迎接全球产业重新布局这一机遇的平台，有助于以内陆中心城市和城市群为依托，积极探索承接产业转移的新路径，并稳妥推进有条件的企业将整机生产、零部件生产、原材料配套和研发、结算等向内陆地区转移。2015 年 4 月 28 日，京冀携手共建保定・中关村创新中心，该园区将在贸易、投资、技术等方面促进京津冀的创新协调发展。与此同时，国家发布了长江经济带指导意见及其五年规划，使得产业园区成为带动沿线 11 个省市经济发展的有力支撑。

(2) 实现与自由贸易试验区充分联动。上海自由贸易试验区成立以来，国家高度重视自由贸易区的建设，不仅深化了上海自贸区发展，将其范围扩大到浦东新区，而且还继续推动了广东、天津、福建自由贸易试验区总体方案的全面实施。在自由贸易区探索建设的过程中，国家级产业园区发挥了重要的支持性作用，产业园区与自由贸易区所在各地在资源、功能上进行了充分的融合与联动。例如，上海张江国家自主创新示范区与上海自由贸易试验区的联动，进一步丰富了自贸区的功能、促进了创新驱动发展战略的实施。

(3) 推动重点区域全面创新改革。2015 年 9 月 7 日，中共中央办公厅、国务院办公厅印发《关于在部分区域系统推进全面创新改革试验的总体方案》，选取 1 个跨省级行政区域(京津冀)、4 个省级行政区域(上海、广东、安徽、四川)和 3 个省级行政区域的核心区(武汉、西安、沈阳)进行系统部署，重点促进经济社会和科技等领域改革的相互衔接和协调，探索系统改革的有效机制、模式和经验。方案特别提出，试验区域的选择要与现有国家自主创新示范区、国家综合配套改革试验区、自由贸易试验区、创新型试点省份、国家级新区、跨省区城市群、创新型试点城市、高新技术产业开发区、经济技术开发区、承接产业转移示范区、专利导航产业发展试验区、境外经贸合作区、高技术产业基地等相关工作做好衔接。2015 年 5 月 25 日，上海市委召开十届八次全会，发布《加快建设具有全球影响力的科技创新中心的意见》，强调上海要充分发挥张江国家自主创新示范区的平台作用，建设若干科技创新集聚区。

(4) 作为实施“一带一路”战略的主要载体。国家“一带一路”战略将以政策沟通、设施联通、贸易畅通、资金融通、民心相通为主要内容，全方位推进与沿线国家合作，构建利益共同体、命运共同体和责任共同体。明确提出要与沿线国家共建一批经贸合作园区、开放试验区、边境经济合作区等，推进基础设施互联互通，带动沿线国家增加就业、改善民生，密切科技人文交流，加快沿边开放步伐。

1.1.4 经济效益进一步提升

2014 年，百强经开区生产总值为 40 577.98 亿元，占全国经开区比重的 53.27%，平均生产总值达到了 811.56 亿元，较 2013 年增长了 7.48%；百强园区中，高新区工业总产值为 127 182.10 亿元，占全国高新区比重的 77%，平均工业总产值达到了 2 543.64 亿元，较 2013 年增长 14%。百强园区上缴税收 17 468.07 亿元，同比增长 13.79%；出口创汇 6 777.37 亿美元(汇率以 6.25 计，下同)，同比增长 9.21%。

就百强榜中前 20 位产业园区情况来看，其经济效益的提升更加显著。前 20 强园区内的 12 家经开区生产总值为 19 042.85 亿元，占百强内全部经开区比重的 46.93%，平均生产总值为 1 586.90 亿元，较 2013 年增长了 5.54%；前 20 强园区内的 8 家高新区工业总产值为 47 113.93 亿元，占百强内全部高新区比重的 37%，平均工业总产值为 5 889.24 亿元，较 2013 年增长了 16%。20 强园区上缴税收 8 566.97 亿元，增长 14.16%；出口创汇 3 265.01 亿美元，增长 1.97%。

表 1－1　2014 年中国产业园区持续发展前 20 强

排名	园区	排名	园区
1	北京中关村国家自主创新示范区	11	大连经济技术开发区
2	上海张江国家自主创新示范区	12	漕河泾经济技术开发区
3	苏州工业园区	13	合肥高新技术产业开发区
4	天津经济技术开发区	14	武汉经济技术开发区
5	广州经济技术开发区	15	成都高新技术产业开发区
6	武汉东湖国家自主创新示范区	16	西安高新技术产业开发区
7	青岛经济技术开发区	17	北京经济技术开发区
8	长春高新技术产业开发区	18	烟台经济技术开发区
9	深圳高新技术产业开发区	19	合肥经济技术开发区
10	昆山经济技术开发区	20	沈阳经济技术开发区

1.1.5　东部园区发展仍然快于中西部

百强榜中，东部产业园区占据了 64 席，中部产业园区 22 席，西部产业园区 14 席，东部园区的优势进一步加强。百强榜前 20 强的产业园区中，与 2013 年相比，区域布局未发生变化，仍然为东部产业园区 13 家，中部 5 家，西部 2 家，中西部排名相对靠后。按百强榜上榜园区数最多的省份排名，百强榜共涉及全国 27 个省市区，与 2013 年度保持一致，东部的江苏省、山东省、广东省、浙江省以及中部的辽宁省在拥有百强园区数量方面占据了前 5 位，分别拥有百强园区 17 家（增加 2 家）、14 家（增加 1 家）、10 家（增加 2 家）、7 家、5 家（增加 1 家），如图 1－1 所示。

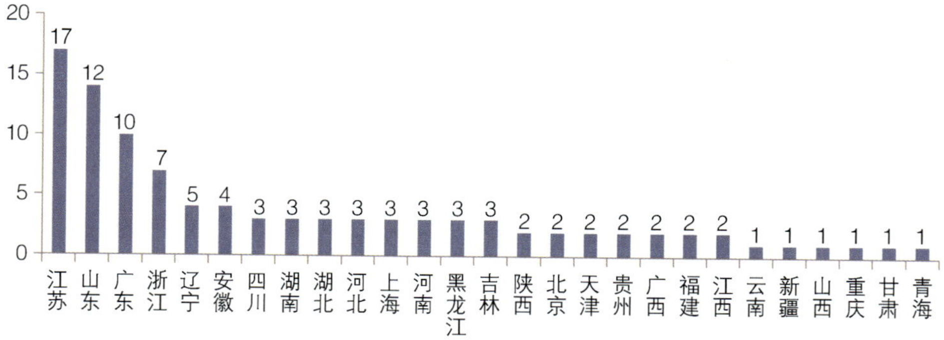

图 1－1　2014 年百强产业园区纳税的地区分布情况（单位：家）

与 2013 年相比，东部产业园区的数量在整个百强榜中新增 3 席，在平均得分、入选百强比例等数据上均远远高于中西部地区，且差距在进一步扩大，中西部地区增长速度落后于东部地区的态势没有改变。

2014 年前 20 强中，来自中西部地区的产业园区仍然为 9 家，但是排名布局却进一步跌后，其中，中部领先的武汉东湖国家自主创新示范区从第 4 名跌至第 6 名，西部领先的成都高新技术产业开发区从第 13 名跌至第 15 名。

1.1.6　高新区与经开区展示各自特色和潜力

2014 年度，高新区与经开区继续保持总数持平的态势，在百强中各占 50 家。通过数据分析发现：高新区之间差距相对较大、经开区之间相对差距较小，两者的变异系数不同。从平均得分看，2013 年高新区开始超过经开区，平均持续发展水平从 2012 年的略逊于经开区转变为略高于经开区。在百强榜均值以上的 32 个产业园区中，经开区有 18 个，具有排名数量优势，高新区虽仅有 14 个，却在平均得分上具有明显优势，说明围绕持续发展这一主题，经开区和高新区都展现了各自的特色和潜力。

从前 20 强来看，经开区、高新区的排位格局没有发生大的变化，经开区占据 12 位、分布相对靠前，高新区占据 8 位，除国家自主创新示范区之外，排名相对靠后。

1.1.7　更多的园区成为“全能者”

2014 年度，“全能者”产业园区（进入 20 强的指标有 4 项以上）较 2013 年新增 2 家，共为 7 家，包括北京中关村国家自主创新示范区、上海张江国家自主创新示范区、苏州工业园区、广州经济技术开发区、天津经济技术开发区、漕河泾经济技术开发区（新增）、武汉东湖国家自主创新示范区（新增）。其中，6 家来自东部地区、1 家来自中部地区，充分说明了我国产业园区持续发展能力的全面提升。

1.1.8 园区持续发展整体格局保持稳定

2014 年度，在单项指标方面，产业园区前 20 强基本保持稳定。2013 年度在经济、创新、合作、服务、社会五项指标分别位于前 20 强的产业园区，在 2014 年仍排在相应单项指标前 20 强名单中的分别有 13 家、18 家、17 家、16 家、16 家，从而说明产业园区的整体发展格局保持了较好的稳定性。

其中，创新发展和产业合作仍然体现出最强的相似性，说明创新发展和产业合作对于产业园区持续发展是最为重要的指标，值得进一步关注。

1.1.9 园区持续发展开始体现融合化特点

《2014 中国产业园区持续发展蓝皮书》提出了园区持续发展 2.0 版的三个关键词，即制度、融合化、软环境。其中，融合化的新特点正在加快显现。所谓产业园区融合化，是指产业园区发展在向 2.0 版提升的过程中，出现了内外部频繁交流合作的现象，资源要素充分互动、外部合作快速增长、整体功能日趋完善，产业布局、区域布局和功能布局有效融合，园区发展能级加快提升。

按照实现的路径和难易程度，园区融合化可以分为四个层面：一是园区内企业之间的融合，按照聚核路径，围绕核心企业培育产业集群，实现产业集群内部的融合，按照聚链路径，推动产业上下游一体化和服务一体化两种融合，这些融合方式在我国不少园区已经实现；二是园区之间的融合，主要表现为园区之间密切合作，产业转移、飞地建设、项目与人才频繁交流等，按照聚网路径，形成产业网络、知识网络、人才网络，园区间融合是实现我国区域发展战略的重要前提，个别持续发展水平较高的园区已经试点成功；三是产城融合，即产业功能和城市功能的相互配套，产城融合可以有效吸引高端人才，是提高园区产业附加值的必备条件，将成为我国各大园区下一轮建设的重要努力方向；四是园区国际化融合，即园区与国际知名企业、其他国家园区等建立密切合作关系，开展产业协同、人才互助、文化融通，最终实现各国企业竞相入驻、发展成果不断涌现的良性格局。

课题组认为，国际化融合兼顾聚核、聚链、聚网三种形式，是园区融合化的最高水平，也最难实现，即便在国外也不多见，仅有美国硅谷等个别一流园区达到了要求。在我国，绝大多数产业园区因能力有限而暂无意愿推进国际化融合，部分水平较高的园区有国际化融合的意愿，却苦于无章可循。作为我国产业园区持续发展的重要方向，课题组认为，国际化融合可以从以下三个方面着手：一是进一步深化园区合作，将园区对外合作作为发展规划的重要内容甚至主导方向，树立合作共赢和资源流动的现代观念，围绕对外合作重构园区治理模式和制度体系；二是尝试推动园区“走出去”，积极响应国家区域发展总体战略，把握“一带一路”重大战略契机，主动向沿线国家输出产业、技术、人才、资金和管理；三是加强配套服务支撑，国际化融合涉及方方面面的服务支撑，包括信息情报、法律、商事、文化、资本、政府间协调等，需要园区高度重视，营造有利于资源自由流动的服务环境。

1.2 中国产业园区国际化、融合化发展与“走出去”战略

“走出去”是我国产业园区加快国际化、融合化发展的重要表现。园区“走出去”最早始于 1998 年福建省华侨实业集团在古巴建立加工贸易区，目前已有 18 年的发展历程，在海外建设的园区已经达到 118 家，涉及近 50 个国家和地区。本报告认为，基于国家区域发展大的战略方向，围绕园区持续发展目标的实现，可以进一步探索“走出去”的类型和路径，将产业园区作为中国未来对外开放和“走出去”战略的主要载体之一。

1.2.1 园区“走出去”具有广阔前景

园区“走出去”指的是我国在海外建立产业园区，承建方为政府、企业、产业园区等主体，通过中国的企业或园区在资本、人才、管理等方面的平台式海外转移，实现资源高效利用和空间合理拓展。

实施园区“走出去”，对于我国推行“一带一路”战略，在经济、政治、文化和安

全等多方面具有重要意义。在经济方面，面对新一轮全球发展，通过在海外建设产业园区，可以有力地发挥规模效应，节约单个企业在基础设施建设、软环境营造、采购谈判等方面的投入，并促进资本向“一带一路”各国输出；在政治方面，“走出去”园区能够承载起作为与沿线国家交往平台的角色，同时建立政府、协会、园区、企业“二地四方”的合作关系，基于社会民间力量改善政治形象，促进区域共赢；在文化方面，园区“走出去”有助于向世界传播中华文化，展现中华文化的软实力，同时加强东方管理理念的应用推广，推动东方管理文化与当地经营实践的融合共生；在安全方面，园区“走出去”将保障我国企业海外经营的安全，在不涉及领土、货币主权问题的情况下，切实降低人身安全风险、纠纷风险、法律风险，改变单个企业在国外陌生环境中单打独斗的局面。

1.2.2 园区“走出去”的途径

按照输出资源的不同，在海外建立园区的途径可以依据资本、人才、管理、平台等不同的输出内容区分为四种类型，并在现实案例中体现出各自的导向和作用。

(1) 资本走出去。即建立海外园区的过程中，在前期勘测、开发建设、运营维护等环节进行资本投入，有效发挥资金杠杆作用。中国产业园区特别是发展成效显著的国家级园区，目前在资金、设施等资本方面具有优势，应基于成本和市场因素，充分考虑以优势资本引导并驱动园区的国际化合作，撬动并实现我国企业、园区在短期内“走出去”，在海外投资建设产业园区。具体可采取两种方式：一是以资本引导对欠发达地区的产业导入，二是以资本推动对发达地区的产业链配套。例如，通过资本走出去，在“一带一路”沿线国家采取“销地产”的方式，避免高昂进口关税，开辟当地市场。

(2) 人才走出去。即向海外园区派驻富有经验的建设者、管理者、运营者，并吸引全世界的优秀创新创业人才。当前，园区发展的目标已经不是以产品生产为主，而是更加重视创意生产；也不再以经济体量为唯一衡量标准，而是注重引进和集聚当地及周边国家和地区的优秀人才，并由此引进风险资本。例如，硅谷集中了数以百万计的全球优秀科技人才，其流出的人才和资本催生了世界各国的类硅谷园区。在我国，中关村、张江、深圳等园区初步形成了创新人才集聚、风险资本活跃的基础条件，可以在人才走出去的过程中，推动产业园区的国际化。

(3) 管理走出去。即国际化进程中的优秀园区，通过提供科学和先进的管理方案与规划模板，为“一带一路”沿线国家产业园区的建设和完善提供全面指导，帮助当地园区快速发展壮大。这是专业化的单向“走出去”，主要是面向发展水平相对较低的国家和地区，同时需要二、三产业的深度融合。我国苏州工业园区作为管理走出去的成功典型案例，师承于“新加坡”模式——先给出目标愿景再细化实施，区域成片开发、功能明确，强调以人为本和公共中心建设。就现实基础看，我国排名靠前的产业园区若要依靠管理走出去，需要重点加强管理经验的理论化、方案化和实施的本土化。

(4) 平台走出去。即由我国企业、社会组织与机构等组成“服务共同体”，面向在海外的产业园区，提供综合性配套服务，为走入“一带一路”各国的园区提供全方位的支撑，这也是产业园区国际化发展路径的高级阶段。德国是平台走出去的代表国家之一，其大量的工商团体，包括联邦层面的工商总会、中小企业联合会以及州层面的科隆商会、汉堡商会等，在全世界超过 60 个国家驻点，协助搜集信息、推动商贸发展、提供咨询服务、举办会展活动等，为当地产业发展和园区建设发挥了重要作用。

1.2.3　园区“走出去”历程、现状与面临问题

与产业园区发展类似，园区“走出去”也经历了三个发展阶段。

——优势企业自主海外探索阶段(1998 年—2006 年)。20 世纪末，中国外贸企业渐入佳境。为降低生产成本和物流成本，企业开始探索在国外将生产本地化。在这个过程中，企业将中国的生产经营方式、产业链条和组织方式带到海外，并逐步建成了开发区。标志性事件是 1998 年福建省华侨实业集团在古巴建立加工贸易区。

——政府推动,企业主导在海外建立对外经贸合作区(2006 年—2013 年)。2006 年,为实施国家“走出去”战略,商务部将推动建设境外经济贸易合作区作为重点工程。对外经贸合作区按照“政府引导、企业决策、市场化运作”的原则进行建设,以企业为主体,以商业运作为基础,以促进互利共赢为目的。标志性事件是商务部建立了 19 个对外经贸合作区。

——实施“一带一路”战略,高层推动建立境外园区(2013 年至今)。该阶段的特征为两国高层通过互访和政府合作框架来主导境外园区建设,形成规模和政策方面的独特优势。标志性事件是 2013 年建立了中马(关丹)产业园区。

根据商务部 2015 年统计数据,当前我国企业、园区在近 50 个国家自主投资建成、在建、拟建的合作区共 118 个,主要涉及加工制造、资源开发、农业开发和商贸物流等方面。按照运营架构的类型不同,报告组将“走出去”在海外建立的园区分为三类:

(1) 企业自主型。即企业自建自用园区,企业自行开展海外布局,建设工业园或研发基地,其主要目标是降低生产成本和物流成本,该类园区一般规模较小。1999 年,海尔在美国南卡州建立了美国海尔工业园,投资 3 000 万美元,占地 45 公顷。2015 年,海尔美国计划扩大冰箱制造业务,投入 7 200 万美元扩建现有工业园,将冰箱年生产能力提升到 50 万台。

(2) 企业自主 + 政府推动型。即在国家统筹指导下,国内企业在境外建设或参与建设具有一定规模的各种经济贸易合作区。2006 年 6 月、2007 年 7 月,商务部分两批公开招标建设境外经贸合作区,在 15 个国家确定了 19 个境外经贸合作区项目,涉及非洲(7 个)、东亚(7 个)、俄罗斯(3 个)和南美(2 个)。截至 2014 年,19 个境外经贸合作区共投资 10 亿美元,创造产值超过 150 亿美元。据商务部初步统计,“一带一路”沿线国家的 70 余个在建合作区项目,建区企业基础设施投资超过 80 亿美元,将带动入区企业投资近 100 亿美元,预计年产值超过 200 亿美元,可为当地创造 20 万个就业机会。

(3) 政府参与 + 企业运营型。即政府主导推进、企业承接运营的国家战略导向型海外园区,该类园区合作层面较高,建设规模较大。例如,在“一带一路”战略指引下，我国各级政府积极规划海外园区建设。已实施的案例包括中马关丹产业园区、中白工业园区、中俄丝绸之路高科技产业园区、新疆农业海外园区、辽宁海外八大工业园区、广西中马“两国双园”园区等。这些园区合作层级较高，多为两国领导人签约建设而成，合作领域广阔，涉及产业转移、新业态培育和推广、科技创新等，并将进一步成为两国经贸外交的重要平台。

分析园区“走出去”现状，境外产业园区具有如下特点或问题：

与我国对外贸易投资的总体流向不相匹配。一方面，我国产业园区在欧洲、北美洲和大洋洲等发达国家尚未“登陆”；另一方面，对外投资的目的地国家往往不是设立海外园区的国家。例如，2008 年我国有近八成的对外投资流入亚洲，其中新加坡、蒙古分别占据 28.2% 和 6.5%，却没有相应地在该区域建设海外园区。

海外投资总体收益率不高。海外园区投资和收益上具有“初期投资大，直接回收慢”的特点，加上我国产业发展本身与全球领先水平有一定差距，所以真正直接回报给开发企业的仅限于土地出租和出售、物业、公用设施开发、商业地产、区内企业服务等方面的收入。我国目前对境外合作区建设仅给予 2 亿～3 亿元人民币的财政支持和不超过 20 亿元人民币的中长期贷款。

存在经济、政治、文化、法律等层面的风险。“走出去”园区的东道国大都为欠发达国家，经济环境、基础设施环境、制度环境、信用环境等方面都存在着一定的问题，并会在一定程度上给投资增加相应的风险，阻碍园区实施“走出去”战略的前进步伐。

1.2.4 园区“走出去”的法律风险分析

近年来，随着我国海外园区建设的日趋扩大，来自政治、经济、文化等方面的风险也接踵而至。然而，在“一带一路”战略实施中，我国产业园区走向海外的最大障碍仍然在于法律风险。一方面，国内园区法制化建设不足，对东道国情况不熟悉，依靠国内有限的部门规章和地方法规难以获取和保护其海外利益，相关部门的境外风险防范管理也主要集中于经济风险领域，对于法律风险预警不足；另一方面，东道国自身法治不足，发展中国家多党制政体、宗教矛盾、民族问题导致政局不稳，带来法律制度“朝令夕改”、执行力不足等问题。具体而言，境外园区主要面临六类法律风险：

(1) 政治法律风险。即政局不稳带来的风险，即通过货币汇兑、征收、政府违约、战乱、进口管制等方面的法律风险影响园区的建设、经营成本和效率。

(2) 法律变化风险。欠发达国家和地区给予外国投资者的优惠政策往往会因国内形势转变而发生变化，政策稳定性不佳。例如，赞比亚 2006 年颁布《发展署法》，给予外国投资者诸多优惠，但该国政府变换频繁，该优惠政策能否长久施行，着实令人担忧。

(3) 劳动法律风险。即以国内的用工标准对待东道国员工或者存在随意调整、裁减员工的情况，可能引起工会抗议、罢工。如果园区违反东道国的劳动法律，很有可能遭到当地政府的处罚或诉讼。例如，1992 年首钢集团收购了濒临倒闭的秘鲁国有铁矿公司，却一直被各种名目的罢工示威所困扰。

(4) 知识产权法律风险。即商标、产品专利、技术等知识产权与东道国可能存在冲突和侵权问题；

(5) 环境法律风险。即园区建设和运营可能会对当地生态环境造成破坏，影响原住民的生活，从而引发的法律问题。此外，也包括东道国提高环保标准、加强环保执法力度而导致项目成本增加，项目风险扩大。

(6) 税收法律风险。园区不像企业可以采取离岸等方式进行避税，其利润汇回以及退出战略，涉及复杂的国内外税收法律制度，必须综合考虑中国税法、外国税法及国际税法，作出全面税务筹划。

加强法律风险防控，园区“走出去”必须从政府、园区、社会层面协调部署、综合施策。在政府层面，要加强海外园区建设运营的风险防控和预警机制的顶层设计，并加强政府间的合作沟通、推动相关管理办法获得东道国认可。我国商务部在园区海外发展方面已经作出一定努力，颁布的《境外投资管理办法》第二十二条已经规定：企业应当落实人员和财产安全防范措施，建立突发事件预警机制和应急预案。在园区层面，要加强法律风险评估和应急方案研究，成立专业法律团队，应对园区建设过程中的投资风险、信用风险和劳工风险。例如，中埃苏伊士经贸合作区由于制定了《埃及苏伊士经贸合作区突发事件应急方案》，在 2011 年的埃及动乱中，使得园区的企业损失降到最小。学习运用国际法律与公约维护自身权利，包括《多边投资担保机构公约》、《解决国家与他国国民之间投资争议公约》、《与贸易有关的投资措施协议》等国际公约。主动利用我国与东道国签订的双边投资保护协定，双边投资保护协定已经成为有效应对法律风险的手段。截至 2011 年底，我国已与 130 个国家签订了双边投资保护协定。在社会层面，积极发挥保险作用，国内可以借助中国信保等企业投保。例如，埃及苏伊士经贸合作区的 11 家投资企业委托中非泰达统一向中国出口信用保险公司投保了海外投资保险。国际上可以通过多边投资担保机构(MIGA)投保，防范货币汇兑险、战争和内乱险、政府违约险、征收和类似措施险四项非商业风险。此外，积极发挥商会、行业协会等服务机构的作用，在为园区和企业服务过程中维护我国利益。

1.2.5　园区“走出去”应当重视与东道国的“三聚”融合

与东道国的有效融合，是“走出去”园区能否成功运营的重要问题。我们在《2014 中国产业园区持续发展蓝皮书》中提出了产业园区生态系统持续发展的“三聚”理论，即聚核、聚链和聚网。园区“走出去”与东道国的融合过程中也可以充分发挥“三聚”路径的作用，进一步帮助海外园区发展壮大。

“三聚”融合的第一步是聚核层面的融合。即合作双方结合各自资源禀赋、优势条件、合作动因等进行整体战略布局和规划，确定发展的核心产业和主导企业。相对落后的东道国需要中方来注入核心产业和主导企业，并帮助其建立生产厂房、提供生产设备、提供基础设施建设标准等。聚核层面融合的一个有效抓手是技术转让和技术合作，共同促进技术的扩散、应用和推广。例如，我国与中亚五国在农业科技上存在很强的互补性。中亚五国具备较高的种植、养殖技术和丰富的种质资源储备，而中国在农业防治、灌溉及成套设备等领域优势明显，双方即围绕技术推广开展深入合作。

“三聚”融合的第二步是聚链层面的融合。随着核心产业和主导企业在东道国的落地，园区开始呈现纵向延伸（产业链上下游）和横向延伸（产业链服务）两种发展方向，最终形成完整的产业集群和服务集群。通过聚链层面的融合，中方一些具有比较优势的产业如电子、汽车、高铁、电力、通信、工程机械等，可以加快向东道国出口、投资甚至整体性转移。

“三聚”融合的最后一步是聚网层面的融合。这是最高层面的融合，表现为园区与东道国之间的生产网络、知识网络、社会网络连接紧密，在园区内形成优良的政策环境、市场环境、生活环境，园区管理日渐成熟，品牌影响力不断扩大。在聚网层面，中外双方的政府、园区、企业之间各司其职、共同努力，接受不同文化熏陶的人员相互尊重、诚实互信，切实实现共赢局面。

在聚链和聚网层面，高知识含量、高附加值的服务和文化成为主导要素，并导致人才成为决定性的资源。在“一带一路”战略背景下，中方与沿线国家在人力资源方面虽然具有一定的互补性，然而更需要加强人才的开放交流和协同，消除观念差异、文化偏见，在园区发展上形成共识，共同搭建区域内互通的人才体系和服务体系。与东道国的“三聚”融合如图 1－2 所示。

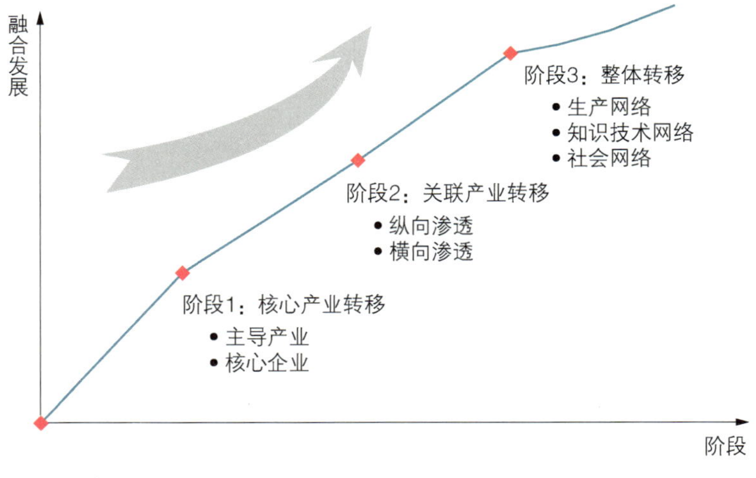

图 1－2　园区“走出去”与东道国的“三聚”融合

1.2.6　园区“走出去”与治理结构

从我国境外经贸合作区、两国共建产业园区的发展现状来看，目前我国“走出去”园区的治理方式基本上有三种类型：一是企业治理型，即双方园区或企业按一定比例出资成立合资股份公司，由合资公司负责园区的规划开发、招商引资和经营管理等工作，并按股本比例或协议对园区收益进行分配；二是混合治理型，即由具有政府职能的园区管委会以及具有市场职能的开发公司相结合，共同对园区进行行政和经营管理；三是多层治理型，即中国与东道国首先成立双边政府理事机构，并共建园区管委会，同时以合股形式成立开发公司对园区进行共同治理。当前，较为常见的治理模式是多层治理型。

在我国，苏州工业园区正是基于多层治理的模式建设而成，遵循了政府协调—行政管理—园区开发三层结构，相互严格区分。在政府协调层面，成立了由中新两国副总理担任主席的中新联合协调理事会。在行政管理层面，由中方全权成立园区管委会，负责区域规划、环境保护、法制规定、投资项目审批、土地管理、人员招聘、出入境审批、税收、公益事业管理等。在园区开发层面，由中新双方财团合资的中新苏州工业园区开发股份有限公司负责基础设施开发、招商引资、项目管理、咨询服务等事务。理事会、管委会和开发公司分别作为行政主体和开发主体，各展所长，共同处理园区的各项事务。无独有偶，2012 年，中国与白俄罗斯合作建立白俄罗斯工业园，也仿效苏州工业园区的多层治理模式，分别对应建立了政府间协调委员会、园区管委会（白俄罗斯全权负责）、中白工业园区开发股份公司（中工国际工程股份有限公司所持股比为 60%，明斯克州执行委员会所持股比为 30%，地平线股份集团公司所持股比为 10%）三套管理机构和体制。

然而，与有限的成功案例相比，大多数的园区“走出去”仍然需要面对治理结构上的难题。这种未知困难主要来自三个方面：一是两国实力与地位的悬殊，合作两国的产业基础、资源禀赋、实力地位可能不相匹配，往往会因抢夺主导权或内在驱动力博弈而挤压园区共建的合作空间。二是政府负面的行政干预，行政干预易导致园区管理机制错位，产生“拉郎配”或“机会主义”现象，相互推诿、相对短视。三是各方利益的分配，治理模式的差异决定了利益分成模式的多元化，包括人才、技术、税收等，其间的利益与成本难以界定，利益分享缺乏客观标准。

1.3 对中国产业园区未来发展的展望

2014 年度中国产业园区发展总体呈现平稳态势，同时，又被国家赋予了创新试验、对外开放等一系列新的使命。放眼未来，园区持续发展的意义显得尤为重要，必须重视提升园区以“制度、融合化、软环境”为特征的持续发展能力，这也是区别于过去 30 年来以“政策、行政化、硬环境”驱动园区发展的新要素，并由此形成重视制度环境、合作理念、园区治理、发展模式与持续发展的实现园区“走出去”战略的系统方式。

构建制度环境，尤其是从顶层设计上给予支持。一是中国政府需要在立法层面推动园区“走出去”，东道国政府也需要通过制定相关法律法规鼓励中国产业园区“引进来”；二是协会、商会应该制定相关措施为园区的国际化合作提供信息、融资等方面的便利；三是园区可以出台促进国际化发展的意见、办法等，加大对园区参与或组织平台合作、国际市场拓宽、品牌形象提升等方面的支持。其中，最为重要的是做好顶层设计，制定并完善国家立法层面的园区管理条例。

强调合作理念，尤其是发挥中方的主导作用。一是在发展中国家，中国优势园区需要输出自身先进的开发经验和理念，注重管理理念、管理模式、开发机制方面的充分转移，发挥其在高效管理方面的主导作用；二是在发达国家，中国优势园区可以项目合作为切入点，以为对方主导产业提供配套服务为起始点，发挥在对接中国市场方面的主导作用；三是在流程方面，注重规划先行，围绕持续发展进行战略规划，强调在总体框架上的主导作用。也就是说，无论“走”到哪里去，中国产业园区都必须找到发挥主导作用的立足点。

注重园区治理，尤其是与市场机制相契合的多元化治理方式。一是建立中国与东道国由政府部门、园区管理部门组成的正式的组织机构，完善各主体间的相互沟通网络，如联合协调理事会、双边工作委员会等；二是建立政府部门与非政府机构之间的沟通交流机制，加强与驻外使领馆的联系和沟通，形成政府与民间的信息交换渠道，优化多种组织间的合作工作流程；三是采取园区之间合股等形式，改善合作管理模式，明确各方职责，确保战略决策的科学性与有效性。

重视发展模式，尤其是在“三聚”路径中做出适当选择。一是确定主导产业并吸引核心企业以“聚核”，即依据各方国情与资源匹配状况，规划主导产业，在全球范围内培育核心企业群；二是拓展纵向产业链和横向服务链以“聚链”，通过交互促动与合作竞争逐步建立起信任机制，形成规模效应；三是打造公共平台并进行功能体系建设以“聚网”，形成产业园区商业生态系统的整体环境。其中，上述“三聚”路径的选择要结合中国与东道国相关产业发展的具体环境，识别其发展周期与阶段，从而选择适宜的聚集发展模式。

突出持续发展，尤其是重视环境保护指标的导向作用。持续发展指的是一种注重存量与增量协调、突出内部与外部互动、强调经济与社会和谐的发展模式，并由此形成五个方面的系统指标：一是经济发展指标。经济发展是产业园区持续发展的基础，表现为经济实力、经济增长两个方面。二是创新发展指标。创新发展是产业园区持续发展的源动力，表现为创新资源、创新平台、创新成果三个方面。三是产业合作指标。产业合作是产业园区持续发展的有效方式，表现为园区内企业集聚度、园区合作状况两个方面。四是公共服务指标。公共服务是产业园区持续发展的支撑条件，表现为区位优势、园区组织结构、配套服务机构三个方面。五是社会发展指标。社会发展是产业园区持续发展的外延扩张，表现为环境保护和社会声誉两个方面。其中，要特别吸取优秀园区的发展经验，重视园区建设与发展过程中的环境保护，强调生态发展效益。

第2章

中国产业园区国际化专题报告

中国经济国际化进程显示,“走出去”战略已经迈出了两步,即第一步产品“走出去”和第二步企业“走出去”。我们认为,“走出去”战略实际上是依次提升的三部曲,目前应该且必须走出第三步,即园区“走出去”。园区“走出去”是以中国优秀企业或产业园区为重要主体,在政府推动、商会协调的发展机制下,通过管理、资本、人才等方面的多种合作模式,建立以园区为载体的国际化合作平台,推动园区形成产业生态、社会生态、自然生态的持续发展模式。与前两步不同,“园区走出去”具有集群性的本质特征,并有利于促进中国与“一带一路”沿线各国之间的政策沟通、设施联通、贸易畅通、资金融通、民心相通,是实现“一带一路”战略的重要路径。

2.1 中国境外园区现状与问题

2.1.1 中国境外园区的发展阶段

中国境外园区是指以中国企业或产业园区为投资建设主体,为达到产业集聚效果而成立的境外贸易加工区、对外经贸合作区和科技园区等。境外园区的发展历程主要分为以下三个阶段:

第一阶段,优势企业自主海外探索阶段(1998 年—2006 年),标志性事件是1998 年福建省华侨实业集团在古巴建立加工贸易区。20 世纪末,中国外贸企业为降低生产成本和物流成本,开始在国外将生产本地化,从而将中国的生产经营方式、产业链条和组织方式带到海外,逐步形成开发区模式。这种模式主要由主导产业聚集吸引配套产业,进而形成完整的产业链条,产生集聚效应,增加企业在当地的话语权。

第二阶段，通过政府推动与企业主导在海外建立对外经贸合作区（2006 年—2014 年），标志性事件为 19 个对外经贸合作区的建立。2006 年，为配合国家“走出去”战略，商务部将推动建设境外经济贸易合作区作为重点工程。对外经贸合作区按照“政府引导、企业决策、市场化运作”的原则进行建设，是以企业为主体，以商业运作为基础，以促进互利共赢为目的，主要由企业根据市场情况、东道国投资环境和引资政策等多方面因素进行决策。

第三阶段，实施“一带一路”战略，由高层推动建立境外园区（2014 年至今），标志性事件为中国—白俄罗斯工业园的建立。这个阶段的特征是国家领导人通过高层互访等主导境外园区的建立，在规模和政策方面具有很大优势。

2.1.2 境外园区发展现状

根据商务部 2015 年统计数据，当前我国企业在近 50 个国家自主投资建成、在建、拟建的合作区共 118 个，主要涉及加工制造、资源开发、农业开发和商贸物流等 4 种产业。

按照推动因素不同，境外园区主要分为企业治理型、混合治理型、多层治理型三类。

1. 企业治理型

企业治理是指双方园区或企业出资成立合资股份公司，由合资公司负责园区的规划开发、招商引资和经营管理等工作，并按股本比例或协议对园区收益进行分配。例如，自 1998 年福建省华侨实业集团在古巴建立加工贸易区后，海尔作为优势企业开始走出国门在海外设立园区。1999 年，海尔在美国南卡州建立了美国海尔工业园，投资 3 000 万美元，占地 45 公顷。2015 年，海尔美国计划扩大冰箱制造业务，投入 7 200 万美元扩建现有工业园，将冰箱年生产能力提升到 50 万台。

这个时期，国内企业开始探索在境外建立园区，利用海外贴近市场的优势将产业链扩展到国外并初见成效。

2. 混合治理型

混合治理是指由具有政府职能的园区管委会以及具有市场职能的开发公司相结合，共同对园区进行行政和经营管理。这一类型主要以境外经贸合作区为代表。境外经贸合作区是指在国家统筹指导下，国内企业在境外建设或参与建设的基础设施较为完善、产业链较为完整，辐射和带动能力强，影响力大的加工区、科技产业园等各类经济贸易合作区。中国企业在境外投资建设经贸合作区是以企业为主体，以商业运作为基础，以促进互利共赢为目的，主要由企业根据市场情况、东道国投资环境和引资政策等多方面因素进行决策。通过建设经贸合作区，吸引更多的企业到东道国投资建厂，增加东道国就业和税收，扩大出口创汇，提升技术水平，促进经济共同发展。

2006 年 6 月和 2007 年 7 月，商务部分两批公开招标境外经贸合作区，在 15 个国家确定了 19 个境外经贸合作区项目。目前，境外经贸合作区是由商务部制定、公布合作区建设标准，建区企业达到标准后向商务部提出申请，经商务部组织专家考核、验收后成立。截至 2014 年，通过验收考核的境外经贸合作区共 11 家，19 个境外经贸合作区共投资 10 亿美元，创造产值超过 150 亿美元。具体情况如下(截至 2014 年 7 月)：

表 2－1　境外经贸合作区

	序号	合作区名称	境内主体企业及所在省市	投资区位	已投资规模（亿美元）	已开发面积（平方公里）
第一批	1	赞比亚中国有色工业园	中国有色矿业集团有限公司	非洲	1.69	1.58
	2	泰国罗勇工业区	中国华立集团	东南亚	2	4
	3	巴基斯坦海尔—鲁巴经济区	青岛海尔集团电器产业有限公司	南亚	1.29	2.33
	4	柬埔寨西哈努克港经济特区	红豆集团（江苏）、江苏红豆集团、无锡光明集团、无锡益多投资发展有限公司、华泰投资置业咨询有限公司	东南亚	1.51	11
	5	尼日利亚广东经济贸易合作区	广东新广国际集团	非洲	2	2.5
	6	天利(毛里求斯)经济贸易合作区	山西天利实业集团	非洲	未验收	未验收

续表

	序号	合作区名称	境内主体企业及所在省市	投资区位	已投资规模（亿美元）	已开发面积（平方公里）
	7	俄罗斯圣彼得堡波罗的海经贸合作区	上海实业集团	俄罗斯	未验收	未验收
	8	俄罗斯乌苏里斯克经济贸易合作区	黑龙江省吉信工贸集团、浙江省康奈集团、温州华润公司	俄罗斯	1.66	2.28
第二批	9	委内瑞拉中国科技工贸区	山东浪潮集团	南美	未验收	未验收
	10	尼日利亚莱基自由贸易区	中国铁建股份有限公司、中国土木工程集团有限公司、中非发展基金有限公司、南京江宁经济技术开发总公司	非洲	1.26	3.12
	11	越南中国（深圳）经济贸易合作区	中航集团、中深国际公司、海王集团（深圳）	东南亚	未验收	未验收
	12	越南中国龙江经济贸易合作区	前江投资管理有限责任公司	东南亚	0.4	1.83
	13	墨西哥中国（宁波）吉利工业经济贸易合作区	浙江吉利美日汽车有限公司	南美	未验收	未验收
	14	埃塞俄比亚东方工业园	江苏永钢集团有限公司	非洲	0.6	2.33
	15	埃及苏伊士经贸合作区	天津泰达投资控股有限公司	非洲	1	1.34
	16	阿尔及利亚中国江铃经贸合作区	中鼎国际、江铃汽车集团	非洲	未验收	未验收
	17	韩中工业园区	中国东泰华安国际投资有限公司	东北亚	未验收	未验收
	18	中国广西印尼沃诺吉利经贸合作区	广西农垦集团	东南亚	未验收	未验收
	19	中俄托木斯克木材工贸合作区	中国航空技术国际控股有限公司、烟台西北林业有限公司和烟台经济技术开发区经销中心	俄罗斯	1.77	1.68

除上述园区外，2004 年开始建设的中俄（滨海边疆区）现代农业产业合作区也于 2015 年验收成为境外经贸合作区。该区由黑龙江省东宁华信经济贸易有限责任公司主建，占地面积 680 平方公里，是集种植、养殖、加工于一体的中俄最大农业合作项目。

从区位上看，境外经贸合作区主要集中在非洲（7 个），东亚（7 个），俄罗斯（3 个）和南美（2 个）。各合作区完成建设面积基本在 3 平方公里以内，投资额在 2

亿美元以内。

按照主导产业，这“19 + 1”个境外经贸区主要分为四类：

第一类：以农业为主。主要包括中俄托木斯克木材工贸合作区与中俄（滨海边疆区）现代农业产业合作区。前者的主导产业为森林抚育采伐业、木材深加工业、商贸物流业；后者的主导产业为种植、养殖和食品加工业。根据已通过验收的数据计算，以农业为主的园区在已投资规模方面占比 11.7%，在已开发面积方面占比 4.9%。

第二类：以装配等轻工业为主。主要包括柬埔寨西哈努克港经济特区、泰中罗勇工业园、越南龙江工业园、巴基斯坦海尔—鲁巴经济区、埃及苏伊士经贸合作区、俄罗斯乌苏里斯克经贸合作区以及尼日利亚广东经贸合作区。其中，柬埔寨西哈努克港经济特区的主导产业为纺织服装、五金机械和轻工家电等；泰中罗勇工业园的主导产业为汽摩配、五金、机械和电子等；越南龙江工业园的主导产业为电子、机械、轻工、建材、生物制药业、农林产品加工、橡胶、纸业、新材料和人造纤维等；巴基斯坦海尔—鲁巴经济区的主导产业为家电、汽车、纺织、建材和化工等；埃及苏伊士经贸合作区的主导产业为纺织服装、石油装备、高低压电器和新型建材及精细化工等；俄罗斯乌苏里斯克经贸合作区的主导产业为轻工、机电（家电、电子）和木业等；尼日利亚广东经贸合作区的主导产业为家具、建材、陶瓷、五金、医药和电子等。上述 7 个经贸合作区的已投资规模为 9.86 亿美元，平均投资规模为 1.41 亿美元，占比 65.0%；已开发面积为 25.28 平方公里，平均面积3.61平方公里，占比 74.4%。

第三类，以冶金为主。主要有赞比亚中国经贸合作区的谦比希园区（赞比亚中国有色工业园）和埃塞俄比亚东方工业园。前者的主导产业为谦比希园区以铜钴开采为基础，以铜钴冶炼为核心的产业等；后者的主导产业为冶金、建材和机电等。根据已通过验收的数据计算，以冶金为主的园区在已投资规模方面占 15.1%，在已开发面积方面占比 11.5%。

第四类，物流及房地产配套为主。主要有赞比亚中国经贸合作区卢萨卡园区和尼日利亚莱基自由贸易区。前者的主导产业现代物流业、商贸服务业、加工制造业、房地产业、配套服务业和新技术产业等;后者的主导产业为以装备制造、通信产品为主的高端制造业,以交通运输车辆和工程机械为主的产品装配业,以商贸物流为主的现代物流业,以旅游、宾馆酒店、商业等为主的城市服务业与房地产业等。根据已通过验收的数据计算,以物流及房地产配套为主的园区在已投资规模方面占比8.3%,在已开发面积方面占比9.2%。

各类境外经贸合作区已投资规模与已开发面积占比详见图2-1、图2-2。

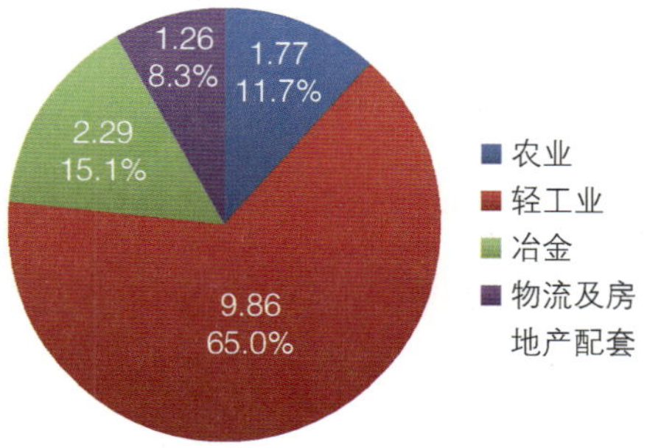

图2-1 各类合作区已投资规模占比示意图

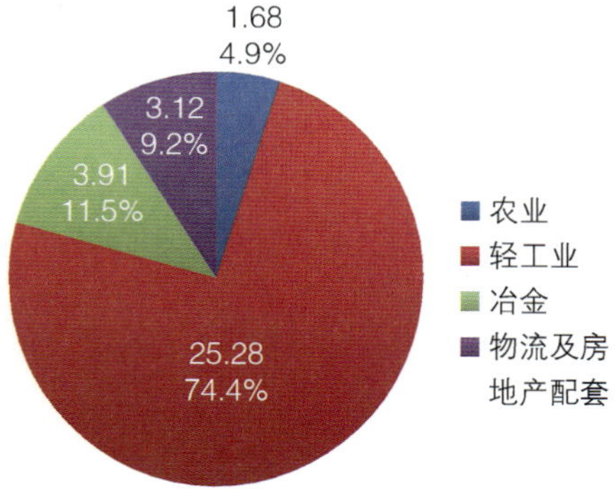

图2-2 各类合作区已开发面积占比示意图

3. 多层治理型

多层治理型即双边政府理事机构、管委会和公司对境外产业园区共同治理。这一类型在管委会与公司混合治理的基础上,通过双边政府所组建的理事机构,形成多层面、多形式的园区组织架构与模式。

(1) 中白工业园区

该园区由白俄罗斯卢卡申科总统向习近平主席提议建立,并于2015年9月奠基,总投资约56亿美元,规划面积90余平方公里,是中国目前对外合作层次最高、占地面积最大、政策条件最为优越的园区。中白工业园区将承载一批机械制造、通讯信息和基础设施大项目,开展物流和运输合作,是丝绸之路经济带上的典范项目。

(2) 中俄丝绸之路高科技产业园区

中俄丝绸之路高科技产业园区是中俄投资基金(RCIF)的首个项目。中俄投资基金由俄罗斯政府主权财富基金(RDIF)和中国国家主权投资基金(CIC,中投)

于 2012 年出资 20 亿美元共同设立。园区依据“一园两地、两地并重”的原则，成立合资公司并在中国陕西西咸新区沣东新城、俄罗斯斯克尔科沃创新中心等地开发建设中俄丝绸之路高科技产业园(以下简称产业园)。

中方园区首期土地开发面积 4 平方公里，目标是依托陕西的科研和现代工业基础，建设以高新技术研发为先导、现代产业为主体、第三产业和社会基础设施配套的高科技产业园区。

俄方园区位于俄罗斯斯克尔科沃创新中心地区，首期开发建筑面积 0.2 万平方公里，目标是依托莫斯科优越的地理位置和经济技术实力，建设以总部经济为先导、高新技术研发和转化为主体的高科技产业园区。

根据中长期规划，中方园区将在北京、上海、黑龙江和广东设立分园区，俄方园区将在鞑靼斯坦共和国、加里宁格勒、符拉迪沃斯托克设立分园区，并逐步向金砖国家拓展，建设具有中俄因素的分园区，以形成产研结合、产业集群的良性发展模式。

(3) 新疆农业海外园区

“一带一路”重点推进项目清单中有多个项目涉及新疆农业，包括中塔农业示范园区、中哈农业示范园区、中土农业示范园区建设等。新疆生产建设兵团是承接“一带一路”国家战略的重要支撑点之一。同时，兵团出台《兵团农业“走出去”项目暂行管理办法》和《兵团“十三五”农业“走出去”发展规划》，加快推动“中新建集团国际农业合作公司”的组建，推动设立海外投资基金。

(4) 辽宁布局八大海外工业园区

辽宁自古以来就是丝绸之路的重要参与者，向东比邻日韩、向西直插中亚腹地、向南连贯东南亚海上丝绸之路、向北与俄罗斯近水楼台。辽宁将成为日韩、东南亚、环渤海湾、华东、华南等地区，连接中亚、蒙古、俄罗斯远东以及欧洲等地区的枢纽中心，将成为“一带一路”战略的东部起点。

在“一带一路”方针下，辽宁省总的规划为：打通中蒙俄韩贸易大通道，巩固东盟，拓展俄罗斯，开辟东欧。因此，辽宁省将沿“一带”方向推进俄罗斯巴什科尔托斯坦石化工业园、中俄尼古拉商贸物流保税园区、哈萨克斯坦远大建材产业园等 5 个境外工业园区建设。沿“一路”方向重点推进印尼辽宁镍铁工业园、印度特变电综合产业园、纳米比亚黄海汽车组装物流园 3 个境外工业园区建设。

(5) 广西中马“两国双园”园区

广西与马来西亚政府共同建设的中马钦州产业园区和马中关丹产业园区为“两国双园”模式。中马钦州产业园区规划面积为 55 平方公里。目前，已确定合作建设中国—东盟植物药与天然药研究与产业化基地、易通浩光电产业园、中国—东盟卫星应用产业化基地、弘信创业工场(物流电商平台)、中马科技园(创新孵化平台)等 5 个产业发展平台，项目总投资 85.8 亿元，建成后年产值可达 336 亿元。马中关丹产业园是马来西亚第一个拥有国家产业园区资格的产业园区，和中马钦州产业园区互为“姐妹园区”协同发展。当前，马中关丹产业园区利用邻近关丹港及东海岸经济特区优势，正积极发展制造业、不锈钢制品、碳纤维电气和电子信息通信、可再生能源等产业。园区首个产业项目——联合钢铁项目已于 2014 年开工建设。

2.1.3 存在的问题

随着我国经贸及科技发展，未来以园区为主体“走出去”将成为值得关注的发展趋势。产业园区将成为企业走出去的重要平台与载体，同时可以更有利于输出品牌、管理和经验，树立中国园区品牌，提高集群效应和“走出去”企业在国际市场中的议价能力。虽然中国企业在国际化方面积累了不少经验，但所面临的问题也较为严峻。

1. 国家支持不足

“走出去”是国家发展战略，在过去十余年间已经得到了政府的高度重视和支持。但是在新形势下，走出去面临更为复杂的国际环境和严峻的国际竞争，国家层面在战略布局、资金支持、风险规避等方面存在着亟待解决的具体问题：

(1) 整体战略布局缺乏。一方面，中国尚未在欧洲、北美洲和大洋洲与经贸往来紧密的发达国家建立境外经贸合作区；另一方面，境外经贸合作区的东道国与中国对外直接投资的东道国并不完全一致。例如，2008 年中国有近八成的对外直接投资流入亚洲，其中新加坡、蒙古又分别占据亚洲的 28.2% 和 6.5%，但中国尚未在这样的引资大国中建设境外经贸合作区。可见，中国境外经贸合作区的建设缺乏整体战略布局，尚未与中国对外贸易和对外投资的总体流向保持平衡。

(2) 资金支撑力度不够。在境外合作区建设中，对通过审核授权的，国家将给予 2 亿—3 亿元人民币的财政支持和不超过 20 亿元人民币的中长期贷款。但境外合作区的建设周期长，运行资本大，政府的这些补贴和贷款不足，同时，国家鼓励金融机构为境外合作区融资的措施不多，企业的资本需求难以得到满足。

(3) 风险化解机制缺失。目前境外合作区的东道国大都为欠发达国家，其经济环境、基础设施环境、制度环境、信用环境等都存在一定的缺陷，这些问题都会在一定程度上给投资增加风险。目前，政府尚没有化解企业境外投资风险的政策措施。

2. 海外投资总体收益低

据国际货币基金组织统计，中国对外直接投资的收益至今没有达到世界平均水平。其原因一是缺少核心技术和自主品牌。我国企业核心技术、高端技术的 80% 掌握在外资手里，拥有自主知识产权的企业不足 20%，自主品牌出口方面不足 10%。二是劳动生产率低。目前，我国产品增值率为 30%，同美国、德国、日本的 48%、47%、41% 相比具有不小差距。我国工业的劳动生产率只有德国的 20%、美国的 12.5%、希腊的 33%。三是处于产业链低端。世界产业分工中的技术研发、标准制定、品牌运营以及营销流通环节都在发达国家。我国企业对外投资仍然存在用工多，附加值少，耗能、耗电、耗材多，受市场波动冲击大等问题，加上劳动力、原材料成本上升，导致企业盈利能力下降，在经营效果、风险防范、自主创新等方面都有不少欠缺。四是收入结构单一，回收期长。境外园区投资和收益上具有“初期投资大，直接回收慢”的特点，成为开发建设境外园区最大的挑战。对于园区的海外开发，真正直接回报给开发企业的仅限于土地出租和出售、物业收入、公用设施开发收入、商业地产收入、区内企业服务性收入等，回收期较长。

3. 国际人才难吸引、难培养

人才问题是目前中国企业国际化面临的最艰巨的问题，主要表现有：不熟悉关键人才招聘渠道，试图自主培养国际化人才却没有最有效的方式；花费巨大投资培养的国际化人才却被其他企业挖走；雇主品牌对当地人才吸引力不佳，或者吸引过来后又由于文化、工作理念和习惯等方面的差异导致人才流失，等等。

4. 东道国投资存在政治壁垒

在全球竞争日趋激烈的形势下，一些东道国出于对本国资源安全和经济安全的考虑，加强对本国企业的显性和隐性保护力度，对外国大规模的海外投资和企业并购设置障碍，这客观上增加了我国企业在全球范围内开展生产与经营活动的难度，制约了我国对外投资的规模扩大和结构优化，阻碍了我国实施“走出去”发展战略的前进步伐。

2.2 “走出去”园区治理：类型、难点与实现路径

“走出去”园区能否在东道国发挥集聚功能、提供平台服务等，与园区的治理方式具有紧密关系。本报告认为，从“走出去”园区的治理主体与治理方式看，其治理类型主要有企业治理型、混合治理型与多层治理型。然而，园区治理方式的施行面临来自主体差异性的诸多难点，需要在分析“走出去”园区现状的基础上，有针对性地化解这些难点，以提出实现园区治理的有效路径。

2.2.1 “走出去”园区治理类型

从我国境外经贸合作区、两国共建产业园区的发展现状来看，目前我国“走出去”园区的治理方式基本上有三种类型：一是企业治理型，即由企业自主建设和管理园区；二是混合治理型，即政府主要参与园区建设，企业主要负责园区运营；三是多层治理型，即双边政府理事机构、管委会和公司共同治理。

1. 企业治理型——各方成立合资股份企业

企业治理是指园区或企业双方按一定比例出资成立合资股份公司，由合资公司负责园区的规划开发、招商引资和经营管理等工作，并按股本比例或协议对园区收益进行分配。该治理方式采用董事会领导下的公司治理体制，以独立公司作为园区的开发者和管理者，负责园区内的基础设施开发建设、经营园区内的各项业务、管理园区内的经济活动并提供园区内企业所需要的各种服务。

园区作为一个独立经营管理的公司，不从属于政府机构，是拥有独立法人地位和权利的经济实体。公司一般由非政府控制的董事会或理事会来领导，董事会一般可由政府、大学、企业界人士以及当地有关人士所组成，负责有关园区发展的重大决策事宜，一般不干预园区内各机构的具体业务，园区日常管理和经营业务由公司经理层负责，但经理层必须执行董事会制定的政策方针。

2. 混合治理型——政企混合共治

混合治理是指由具有政府职能的园区管委会以及具有市场职能的开发公司相结合，共同对园区进行行政和经营管理，此种治理模式的特征是运营主体的企业化以及政府服务的平台化。

运营主体的企业化是指以开发公司为园区运营主体，在组织结构、人员配备和运营制度方面与园区管委会完全脱离，以标准的企业化运作模式和治理结构来负责园区的开发建设与经营管理。开发公司可采用社会招标、指定委托、合股等方式来运作，主要承担公共基础设施建设、咨询服务与物业管理、招商引资、劳务与仓储服务等功能，并代行某些政府职能。

政府服务的平台化是指园区管委会职能由原来对园区的直接管制转变为对园区发展的全方位服务，通过行使政府职能整合各类公共资源、搭建平台，为园区发展提供政策、技术、投融资、咨询、信息、人才以及媒体宣传等各方面服务，但并不干预开发公司的相应职能，从而创新园区管委会职能，充分调动双方政府部门的积极性，协调政策方针，提高人员素质，提升服务质量，优化园区治理结构。

3. 多层治理型——理事会、管委会、公司联合治理

本报告认为，“走出去”园区应采取“政企合作，两权分立”的多层治理模式，

即中国与东道国首先成立双边政府理事机构，并共建园区管委会，同时以合股形式成立开发公司对园区进行共同治理。双边政府理事机构由两国主要领导人共同担任负责人成立联合协调理事会，负责两国政策、园区建设等重大事项的商议与协调。管委会作为政府的派出机构对园区发展的重要决策及问题进行处理，其成立方式有三种形式：一是由两国共同派遣管理人员组成；二是由东道国政府派出人员组成；三是由中方园区所在地政府派出人员组成。

苏州工业园区与中国—白俄罗斯工业园区是目前施行多层治理模式的两则经典案例，具体内容见表 2-2。

表 2-2　多层治理模式案例介绍

园区名称	园区简介	治理模式
苏州工业园区	苏州工业园区是中国和新加坡两国政府间的重要合作项目，于 1994 年 2 月经国务院批准设立，同年 5 月实施启动，行政区划面积 278 平方公里，其中，中新合作区 80 平方公里，常住人口约 78.1 万，园区已累计建设国际科技园、创意产业园、生物科技园、中新生态科技城、纳米产业园等科技载体。	中新联合协调理事会 由两国副总理共同担任主席，负责协调苏州工业园区开发建设和借鉴新加坡经验工作中的重大问题。 园区管委会 苏州市人民政府的派出机构，代表苏州市政府在园区行使管理权限。负责区域规划、环境保护、法制规定、投资项目审批、土地管理、人员招聘、出入境审批、税收、公益事业管理等方面。 中新苏州工业园区开发股份有限公司 由中新双方财团合资成立，其中，苏州工业园区股份有限公司持股 52%，新加坡苏州园区开发私人有限公司持股 28%，港华投资有限公司持股 10%，新工集团私人有限公司持股 5%，苏州新区高新技术产业股份有限公司持股 5%。主要负责基础设施开发、招商引资、项目管理、咨询服务等事务。
中国—白俄罗斯工业园	中白工业园区在中白国际合作的框架下推进，并通过签署的一系列政府间文件成为具有特殊法律制度的区域，于 2014 年 6 月动工建设，坐落于距离白俄罗斯共和国首都明斯克市 25 公里处，占地面积约为 80 平方公里，园区内规划有生产和居住区、办公和商贸娱乐综合体、金融和科研中心。	政府间协调委员会 由中白经贸合作政府间委员会的中方和白方主席领导，对园区的工作予以协调支持，并解决要求两国政府参与的问题。 园区管委会 白俄罗斯共和国政府于 2012 年 8 月 16 日建立了工业园区管委会，管委会负责园区行政管理工作，并保证为入园者提供一站式全方位的综合服务。 中白工业园区开发股份公司 中白工业园区开发股份公司成立于 2012 年 8 月 27 日，合资封闭式，注册资本金构成为中工国际工程股份有限公司持股 60%，明斯克州执行委员会持股 30%，地平线股份集团公司持股 10%。主要负责园区内招商投资项目的引进及后续管理。

资料来源：
苏州工业园区 http://www.sipac.gov.cn/zjyq/yqgk/201501/t20150106_333971.htm
中国白俄罗斯工业园项目 http://china.mfa.gov.by/zh/industrial_park/

2.2.2 “走出去”园区多层治理难点

由我国“走出去”园区的发展现状可以看出，“走出去”园区的成立背景、合作主体、发展阶段、驱动利益各不相同，园区治理存在不少难点，主要表现为以下四个方面。

1. 内在驱动力的博弈

多层治理中各方行为主体具有利益追求的趋同性，这使得产业园区“走出去”的过程更为容易，并有利于实现各方共赢，而行为主体内在驱动力的差异性，则影响“走出去园区”治理机制的运行。尤其是当“走出去”园区位于经济欠发达地区时，东道国合作方往往将共建园区视为具有长期增值潜力的资产，并将凭借资金、管理等方面的优势，掌控谈判话语权和园区管理权，不合理地扩大园区规模，却又很可能不积极引入产业项目，使得共建园区产业聚集度不高、发展迟缓，势必造成后续园区管理方面的“和而不同”，对园区治理产生负面效应。

2. 政府负面的行政干预

“走出去”园区多层治理方式的实现必然受制于两国政府的行政干预，当政府以行政命令指定双方合作对象时，易导致“拉郎配”现象的出现；行政干预往往会引起园区管理机制错位，表现为合作双方的“机会主义”。合作国可能会将园区共建视为完成一项政治任务，导致工作积极性不高，重视短期效应等问题；而东道国则易形成依赖心理，导致工作主动性差、沟通协调缺乏等问题。从国内共建园区的经验来看，合作双方应本着互利共赢的原则，协商议定合作方式、管委会组建方式、开发建设方式、运营管理以及招商等各方面事宜，明确责任义务，以有效避免相互推诿、管理疏漏等现象的发生。

3. 两国实力与地位的悬殊

本国与东道国双方实力与地位的较大差异对走出去园区的组织结构、治理方式等方面会产生直接影响。若一国经济发展水平、资源禀赋、投资环境、科技水平等方面优势较强，则其在合作谈判中将居于主导地位。罗杰(Roger C. K. Chan 2012)认为，在中国，政治附加值与城市竞争力附加值决定了城市间的合作关系及其发展战略的形成。合作双方实力与地位的差异，使实力较强一国具有园区主导权。但实际运作过程中，由于园区建址在东道国，而管理权往往在地位较高的一国，易导致东道国缺乏话语权与决策权。跨国行政层级的管辖权以及异地行政权力的行使，在实际操作层面都存在不少问题，有待法律和政策层面的协调。

4. 各方利益的分配

“走出去”园区的运营成果由合作双方分享是园区在东道国成功发展的前提，利益分享机制是各利益主体围绕产业园区经营管理所得收益直接分成的一种机制，也是“走出去”园区治理的重要内容。“走出去”园区治理模式的差异，决定了利益分成模式的多元化。对“走出去”园区而言，由于存在诸如技术、管理、环境、信息平台等难以用指标量化的非经济利益，使得利益与成本难以界定，利益分享缺乏客观标准，两国政府间签订的利益分享协议会因此产生影响。因此，未来中国“走出去”园区的治理需要探索研究税收分成和跨国合作政府绩效考核办法，明确引进项目投产后新增的增值税、所得税地方留成部分，约定双方按一定比例分成，实现双方互利共赢。

2.2.3 “走出去”园区治理的实现路径

影响园区治理的因素众多，根据“走出去”园区的关键治理难点，本报告认为应从顶层设计、政府职责、合作机制、利益分配这四个主要方面探讨“走出去”园区治理的实现路径。

1. 加强园区顶层设计

顶层设计是使园区“走出去”的合作双方达成博弈均衡解的重要一环。因此，在产业园区走出去之前，应通过详细调研了解两地的产业基础、资源优势等，从而明确“走出去”园区的发展定位、主导产业、总体目标和阶段性目标等问题。首先，应设计并制定园区“走出去”的合作规范、协调规范和监督约束规范体系，构建稳固的合作机制，并在政府充分协商的基础上予以约定，在园区开发之前出台正式的协议文本；其次，利用市场经济作用，支持以产业转移为目标、以市场为纽带来组建园区“走出去”方针，加强政策规划、区域利益协调，避免园区散乱布局和不当的跨国扩张，双方政府合力打造跨国园区的升级版。因此，实现“走出去”园区的双方共赢必须建立在合作目标的一致和合作方式的明确上，势必要从规范合理的顶层设计开始，为后续的治理打下良好基础。

2. 落实两国政府职责

园区“走出去”工作应纳入两国地方政府长期发展规划，设立专门的园区管理服务机构，建立两地政府联席会议机制，有序推进共建园区各项工作。通过简化政府工作程序、放权授权，提高政府的服务效能。双方政府委派的园区管理机构，在一定时期内应保持稳定，确保园区开发建设工作的一贯性与持续性。“走出去”园区应该充分利用双方政府部门的作用，共同组建领导小组协调处理共建过程中的重大事项，鼓励各类市场行为主体基于优势互补、利益共享、集约开发原则共建园区，促进“走出去”园区的快速、可持续发展。

3. 建立长效合作机制

建立长效合作机制是“走出去”园区可持续发展的核心，也是园区走出去后双方政府平衡地位与话语权的重要环节。首先，合作双方应建立诚信合作机制，避免少数政府机构或企业“前倨后恭”、“先引后驱”等现象出现。其次，合作双方应加强多层次、多领域的合作与交流。两国政府应建立沟通对话机制和定期协调会制度，利用主要领导人座谈会、区域经济联盟机制加强项目信息交流，促进资源整合，协商解决合作双方的分歧。最后，加强产业合作，推动产业链向跨国园区转移；加强城市联盟建设，推进两国城市在资本流动、人才培养、信息沟通、生态环保等方面的合作。

4. 完善利益分配机制

建立双赢的利益分享机制，实现双方利益层面的公平交换是“走出去”园区治理不可或缺的一部分。产业园区走出去，某种程度上可能会使经济发达一方在跨国升级中获得超额利益，但与此同时却占用了欠发达地区未来发展所需的土地和环境容量指标。因此，利益分享机制应考虑对这一超额利益在合作两国之间的分配。此外，走出去园区还应建立生态环境补偿机制、风险分担机制、利益冲突协调机制、冲突仲裁机制、异地合作方退出机制等，使合作双方利益分配体系更趋完善。

2.3 产业园区“走出去”：法律风险及其防范措施

我国已经在 15 个国家建设了 19 个国家境外经贸合作区，园区多分布在亚洲、非洲和东欧，其中部分国家政局不稳，在政治、经济、法律、文化、信用等诸多方面为园区发展带来了阻碍。为此，我国与相关国家签订双边投资保护协定，其主要作用在于保护投资国对东道国的投资安全，具有法律效力，能直接约束投资国与东道国，是应对东道国法律风险的有效手段。此外，在国际上还有诸多关于多边投资的条约。截至 2014 年底，我国已与 130 多个国家签订了该类条约，如《多边投资担保机构公约》、《解决国家与他国国民之间投资争议公约》、《与贸易有关的投资措施协议》等，这些都是旨在促进和保护国际投资的重要法律条约。

然而，实践证明，法律风险仍然是产业园区走向海外所面临的最大风险，这主要是由于目前国内法律和国际相关法律的差异性所造成的。我国尚未专门制定产业园区在海外设立分园区的相关法律法规，基本上是商务部和其他相关部委为推动境外经贸合作区发展而制定的一系列部门规章，例如关于推动境外经贸合作区建设的相关规定，包括《关于同意推进境外经济贸易合作区建设意见的批复》、《境外经贸合作区资金管理办法》、《境外经贸合作区确认、考核暂行办法》、《中国政府对境外经贸合作区的支持政策措施》等。这些规定是从境外经贸合作区的设立、考核、资金管理和政策支持等角度出发，鼓励推进境外经贸合作区的发展，服务我国“走出去”战略的实施。再如关于风险防范的相关规定，包括《境外中资企业机构和人员安全管理规定》、《关于加强境外经贸合作区风险防范工作有关问题的通知》、《对外投资合作境外安全风险预警和信息通报制度》等，从不同角度对完善境外安全风险控制体系，指导园区和企业加强境外安全风险防范做了相关规定。涉及企业对外投资方面的法律法规，如《境外投资管理办法》，园区“走出去”时也应遵守上述法规。

2.3.1　产业园区“走出去”的法律风险

1. 政治风险

“一带一路”战略所覆盖的大部分为发展中国家，部分国家如泰国、巴基斯坦、埃及等政局不稳，政治因素对法律的影响极为重大，因此，政治风险就成为在法律层面阻碍产业园区走出去的首要风险。所谓政治风险主要是指以下几种：

(1) 货币汇兑风险。该风险是指东道国由于采取措施使得外国投资者无法自由将其投资所得、破产清算收益等兑换为自由货币，或依东道国法律无法将相关收益汇出东道国，导致该风险的行为包括政府的作为或不作为。

(2) 征收风险。该风险是指东道国采取的立法或相关措施剥夺了投资者对其投资的所有权或控制权，或者剥夺了其投资中产生的大部分收益。这既包括正式征收，也包括隐蔽性征收，隐蔽性征收的效果无异于正式征收，如所得税的增加、关税的增加等。在后一种情况下，投资人必须证明东道国政府所采取的一系列行为事实上使相关企业的收入出现严重亏损或经营不可能。

(3) 政府违约风险。该风险是指东道国政府对外国投资者的违约，包括东道国作为主权者的违约行为和作为一般商业伙伴的违约行为。主权者的违约行为主要是指政府运用其国家行政权力阻碍或者干扰投资项目的正常进行；一般商业伙伴的违约行为是指政府不履行或拒绝履行合同约定的责任和义务而给投资者带来直接或间接的危害。

(4) 战争和内乱风险。战争风险即军事行动毁灭、损害或破坏位于东道国境内的投资项目，即使战争发生在东道国境外，仍可能威胁园区企业的安全生产。内乱包括革命、暴乱、政变、民变等，但为促进工人、学生或其他特别群体的利益而采取的行为及有针对性的恐怖主义行为、绑架或类似行为，不能视为内乱。

此外，还有进口管制方面的法律风险，即是否允许从中国进口生产设备、生产资料、自用办公设备等，这些都可能影响园区建设、经营的成本和效率。

2. 法律变化风险

东道国投资法律环境变化的风险是园区“走出去”所面临的最大也是最难处理的风险之一。我国境外经贸合作区多设立在欠发达国家，这些国家为吸引外资，往往给予外国投资者一定的优惠政策，但这些优惠政策或法律法规存在一定的变动风险。例如，赞比亚2006年颁布《发展署法》，给予了外国投资者诸多优惠，但该国实行多党制，政府变换频繁，不同政党所代表的利益群体不同，其所关注的经济发展重点以及所实行的经济政策必然不同，该法律规定的优惠政策能否长久地施行，着实令人担忧。

3. 劳动法律风险

劳动法律风险是产业园区“走出去”所面临的最常见、最典型的法律风险。产业园区走出去的目标国，大多在劳动保护方面的法律比较健全，部分国家工会力量强大，产业园区走出去时若园内企业不遵守当地劳动法律，以国内的用工标准对待东道国员工而使其产生不满或者随意调整、裁减员工，就可能引起工会抗议、罢工，甚至遭到政府处罚或诉讼。例如，1992年首钢集团收购了濒临倒闭的秘鲁国有铁矿公司，从秘鲁铁矿被首钢收购伊始，就被各种名目的罢工示威所困扰。

4. 知识产权法律风险

知识产权法律风险是产业园区在“走出去”过程中所面临的越来越突出的法律风险。在境外投资中，产业园区易遭到的与知识产权保护相关的法律风险主要有园区自身的注册商标被东道国企业“恶意”抢注，导致其产品和服务不能顺利进入东道国；园区企业所出售的产品可能侵犯了东道国现有的专利权或者被当地企业仿制等；园区在与东道国企业开展合作进行技术开发时，涉及合作开发技术知识产权的归属、权利范围等；此外，东道国自身的知识产权法律保护体系是否健全，也会影响园区自身的知识产权保护。

5. 环境法律风险

环境法律风险是园区“走出去”所面临的日益严峻的法律风险。目前各国对境外投资导致的环境污染问题的日趋重视，环境保护相关的法律也日趋严格。

园区本身需要大量土地用于规划建设，而且目前我国境外的投资大量涉及采矿业、制造业以及各种水利、交通、能源等基础设施项目，一些项目选址或者建设运行可能会对当地的生态环境造成破坏。例如，影响湿地、森林等自然资源的保护，从而触犯当地环境污染防控方面的法律等。此外，环境法律风险还表现在东道国可能会提高园区项目环境保护标准，施行更为严格的环境保护相关法律和审批手续，相应地增加项目的时间成本和经济成本，间接地增加了项目的风险。

6. 税收法律风险

税收法律风险是贯穿产业园区运营整个过程的法律风险。园区“走出去”需要重点考虑具体经营模式、盈利之后的利润汇回以及退出战略，这涉及复杂的国内外税收法律制度，必须从中国税法、东道国税法及国际税法角度出发做出全面的税务规划。一般来说，在境外投资中，企业常采取虚构营业地、设立离岸公司的方式来避税，但园区运营与企业运作存在诸多不同，若采取以上措施，则可能违反投资目的国的税收法律，从而增加法律风险。

2.3.2　产业园区“走出去”面临法律风险的原因

1. 国内立法层面的原因

(1) 法律层级较低并缺乏园区基本法。我国目前没有制定有关产业园区的基本法，国家层面只有原国家科学技术委员会制定的部门规章《国家高新技术产业开发区管理暂行办法》，以及各省级和地市级政府制定的地方法规规章，这些法律的效力偏低，产业园区走出去遭遇的法律风险都涉及国家之间的经济政治利益，依靠国内的部门规章和地方法规规章难以有效保护产业园区在海外的利益。

(2) 产业园区的法律地位并未法定。我国目前对国内产业园区的法律地位、目标任务、发展方向、财政税收等都未有明确规定，致使国内数量众多、不同层级产业园区的法律地位都未有法定，在建设海外园区方面仅有商务部、财政部推进境外经贸合作区建设所颁布的部分部门规章，对于国内产业园区走向海外设立新园区并未有相关法律的明确规定，一旦园区在海外遭遇严重的法律风险，从国内法层面寻求救济存在一定的困难。

(3) 对于风险防范的规定尚未形成法治化机制。商务部目前在其网站上已经建立了境外风险防范、对外投资和经济合作、国别指南、对外投资合作信息服务系统等模块，定期发布信息，也颁布了防范风险的相关管理办法，但主要集中于经济风险领域，对于法律风险方面预警不足，相关的风险管理办法法律位阶较低且缺乏全方位的法治化风险管理制度。

2. 东道国自身法治化不足

为配合国家一带一路战略的推进，园区在走出去时的投资目标国主要以一带一路沿线国家和非洲国家为主，这些国家中大部分为发展中国家，其经济基础较为薄弱，实行多党制，政局不稳，导致目标投资国自身法治发展不足。

(1) 政局不稳致使法律变化较快。法律制度存在“朝令夕改”的现象，尤其是关于承诺有关引进外国资本方面的法律优惠，随着政府换届，政党更迭，其代表的利益集团可能会与前任政府不同，对不同的国外投资者的倾向程度也必然不同，即使相关投资优惠是以法律形式予以确定的，但也存在相关法律被搁置、修改甚至废止的情况，法律的持续性令人堪忧。

(2) 法律执行力不足。首先，国家政局不稳，必然带来法律制度的频繁变化，法律制度变化太多太快，其在执行力方面必然不足。其次，相关国家中国家政治体制差别很大，有联邦制也有中央集权制，有君主制也有民主共和制，各个国家的法律体系不同，有大陆法系也有海洋法系，甚至同一国家内部分属于不同的法律体系，法律之间也存在冲突，致使法律欠缺执行力。最后，相关发展中国家内部的经济发展水平不一，也给法律制度的执行带来一定的困难。

(3) 复杂的国内外形势影响法律体系建设。2008 年国际金融危机以来，国际经济复苏举步维艰，国际形势复杂多变，“一带一路”相关国家内部存在经济发展缓慢、宗教矛盾、民族问题和恐怖主义威胁等诸多问题，也使得部分目标投资国难以建立起健全稳定的法律体系。健全稳定的法律体系对促进经济发展尤为重要，在吸引外国投资方面更是如此。

3. 产业园区自身法治意识不足

(1) 对东道国法律制度不熟悉、法律风险评估不足。相对于欧美等发达国家,国内目前对"一带一路"相关国家的熟悉程度偏低,加之语言障碍,熟悉目标投资国法律制度的专业性法律人才和专业法律服务机构极为匮乏。虽然商务部每年定期发布《对外投资合作国别(地区)指南》,但毕竟有其滞后性,难以及时反映东道国法律制度的变化,这大大增加了产业园区对投资目标国法律制度调查的成本。此外,产业园区走出去更多是以经济利益为目标,在进行投资评估时多是从经济利益的角度来思考,可能会忽视法律风险或者甘愿冒一定的法律风险,这也为将来面临法律风险埋下了隐患。

(2) 产业园区自身的经营方式并未实现法治。国内的产业园区以政府主导型为主体,国家层面并未制定园区基本法律,虽然各省级政府制定了产业园区管理条例,但真正对建立和运营园区起主导作用的是国家和各省级政府的产业政策,这也造成了园区在运营中忽视自身法治意识的培养,依法治园的意识不强,在走出去的过程中必然导致在东道国"法治水土不服"。再者,国内园区多为政府主导的产物,政府制定关于产业园区的法律法规时必然会重点考虑园区的利益,而在东道国,其制定产业园区相关法律时必然是以自身利益为出发点,这也是导致产业园区"法治水土不服"的重要因素。

(3) 未充分利用相关法律手段来维护自身权益。截至 2014 年底,我国已与 130 个国家签订了双边投资保护协定,这些双边投资协定对我国和投资国均有法律约束力,但是,国内企业并未能有效利用该类投资保护协定维护自身权益。借鉴国内走出去企业的经验教训,园区在走出去的过程中应避免此类错误,积极运用相关法律和条约维护自身权益。

2.3.3　产业园区"走出去"防范法律风险的措施

1. 政府层面

(1) 制定《中国海外产业园区管理办法》。目前,我国产业园区"走出去"建设新园区尚处于起步阶段,缺乏实践经验,尚不具备由全国人大制定相关基本法的条件,因而可以先由商务部等相关部委联合制定统一的《中国海外产业园区管理办法》,明确规定国内产业园区建设海外新园区的法律地位、目标任务、申报条件、发展方向、产业导向、管理体制、运行程序、财税管理等，其中可以专章规定“园区风险防范”，以此助力海外园区健康发展。

(2) 推动园区《风险应急管理办法》获得东道国认可。商务部等相关部委在审批园区设立境外园区时，应要求其提供完备的《风险应急管理办法》，并对《风险应急管理办法》的科学性、可行性做阐释说明，商务部等进行形式审查合格后，将《办法》通报东道国中央政府认可，并通过其中央政府通报园区所在地政府，《风险应急管理办法》获得东道国认可后在具体实施过程中会减少很多障碍。

(3) 建立健全政府间合作沟通机制。产业园区走向海外建园离不开中国政府和东道国政府之间的协作。国内母园及所属省政府要积极推动中国和东道国政府签署关于建设海外园区的政府间框架协议，建立两国政府间的磋商机制、签署避免双重征税协定等，为海外园区的整体发展提供指导。同时，推动成立由中国商务部和东道国外资投资促进中心、海关总局等相关部门参加的海外园区工作委员会，并设立海外园区联合办公室，处理海外园区日常工作，并组织协调解决海外园区建设中遇到的重大问题。

(4) 健全境外投资风险防控预警机制。商务部颁布的《境外投资管理办法》第二十二条规定：企业应当落实人员和财产安全防范措施，建立突发事件预警机制和应急预案。商务部在对外投资风险防范方面已经取得一定的成果，在此基础之上，还应从以下角度进行完善：

一是完善支持园区“走出去”的风险防控平台。重点关注东道国的政治、经济发展动向，以及金融、税收外汇等经济制度和相关法律制度变化，定期向在东道国投资的园区与企业通报境外安全信息，及时发布安全预警。

二是加强与驻外使领馆联系与沟通。利用驻外使领馆熟悉所在国法律制度的优势，发挥其对东道国安全信息进行收集、评估和预警的职能，并及时对园区进行一线指导、管理与巡查，帮助园区规避和应对法律风险。

三是建立权威的风险预警系统。商务部以及相关部委要根据东道国政治、经济和法律等变化，建立科学的观测指标体系，建立风险预警模型，定期预测，分级别设定应对方案，提高园区和企业应对法律风险的能力。

2. 园区自身

(1) 投资前做好全面的法律风险评估。通过上述分析可知，建设海外园区面临巨大的法律风险，因此，国内产业园区筹划建设海外园区的首要工作就是进行全面的法律风险评估，不仅要包含投资东道国的经济风险，还要重点考察法律风险，并对东道国的文化、民族、宗教信仰等软性风险作全面深入的调查分析。只有当投资风险可行性报告得到充分论证后，才能对海外园区的建设做出决策。在推动“一带一路”战略的大背景下，国家鼓励园区走出去，但并非每个园区都有走出去的实力和必要，应结合园区自身的优势和转型升级的需要，作出科学决定。

(2) 园区应制定科学合理的应急方案。中国商务部境外经贸合作区办公室先后于 2010 年 8 月 17 日和 2011 年 4 月 12 日分别发布了《关于加强境外经贸合作区风险防范工作有关问题的通知》和《合作区风险防控和安全防范的政策依据和基本要求》两个文件，园区应对此认真学习和研究，并在借鉴境外经贸合作区经验的基础上，制定海外园区突发事件应急预案，应对园区建设过程中的各种法律风险。例如中埃苏伊士经贸合作区已经制定了《埃及苏伊士经贸合作区突发事件应急方案》，在 2011 年的埃及动乱中，园区积极应用该《方案》有效保护了园区企业将损失降到最小。制定应急方案后，园区应成立风险应急小组，在日常管理中应加强对企业和员工的应急意识的培养、应急知识的普及，以及加强应急方案的预演工作，设立应急避难场所等，防患于未然。

(3) 在投资协议中加入“稳定条款”。产业园区在与东道国签订投资协议的时候，为避免东道国法律政策变动的风险，在投资协议中须加入“稳定条款”。“稳定条款”旨在约定投资人的权利不受签约后颁布的法律的影响，其内容往往涉及东道国财产法、财政税收制度、进出口贸易、货币的自由兑换等方面的规定，需要园区在签订投资协议之前做足法律功课。

(4) 运用国际投资相关的法律与公约维护权利。一是运用与国际投资相关的多边公约。我国是以下 3 个公约的签约国:《多边投资担保机构公约》、《解决国家与他国国民之间投资争议公约》、《与贸易有关的投资措施协议》，园区在考虑建设海外园区时需要仔细研究以上条约保护对象和范围，建成海外园区后，在实际运营过程中应学会运用这些条约来保障园区和园区企业的权利。二是主动利用我国与东道国签订的双边投资保护协定。签订双边投资保护协定的目的就在于保护本国对东道国的投资，条约中一般包括投资国国内的承保机构在有关法律风险事故发生并依约向投保的海外投资者理赔之后，享有海外投资者向东道国政府索赔的代位权和其他相关权利及地位。

(5) 成立专业的法律服务团队。法律服务团队的主要任务是在考虑建设海外园区时，做好法律尽职调查，全面评估法律风险；在海外园区建成后，分析园区在实际运营过程中可能面临的多方法律风险，并提出相应的解决策略，对园区管理层提出法律意见；帮助园区内企业和职工熟悉东道国的法律制度及其变化。在法律服务团队人员组成方面，应包含深谙中国法律、国际法和东道国法律的人才，还可以适当吸收东道国专业法律人才，增加“本土化”因素。

3. 海外投资保险

海外投资保险专为投资人因所在国发生的政治和法律风险造成经济损失提供保障。

(1) 国内可以通过中国出口信用保险公司投保。早在 2005 年，国家发改委就与中国出口信用保险公司发布了《关于建立境外投资重点项目风险保障机制有关问题的通知》。此外，中国信保还推出了境外合作区统保模式，在该模式下，由建园企业联合入园企业统一投保，中国信保对合作区项目实施一揽子整体评估，简便了投保手续。例如，埃及苏伊士经贸合作区的 11 家投资企业委托中非泰达统一向中国出口信用保险公司投保了海外投资保险。以上成功经验可以为产业园区“走出去”时的投保提供借鉴。

(2) 国际上可以通过多边投资担保机构(MIGA)投保。多边投资担保机构(MIGA)是一个具有完全法律人格的国际组织，依据《多边投资担保机构公约》，其承保风险的范围主要为以下四项非商业风险：货币汇兑险、战争和内乱险、政府违约险、征收和类似措施险。此外，应投资者和东道国联合申请和经董事会特别多数通过，承保范围还可以扩大到上述险别以外的其他非商业风险。

4. 发挥商会、行业协会等制定“软法”的作用

“一带一路”相关国家法治发展水平不一，在投资东道国关于园区和相关行业的法律政策缺位的情况下，商会、行业协会作为民间组织，其政治敏感性较弱，可以由商会、行业协会等制定符合我国利益的园区行业准则、园区产业技术标准等，先在园区内部推行，然后可以扩大到东道国的相关经济领域，通过这种“软法”来推动中国标准“走出去”，为园区和企业服务。这样既可以维护我国海外园区的利益，也易于东道国接受。

2.4　“走出去园区”的融合：模式演化与建议

融合是指朝着同一个点运动或者是两个或更多要素的汇合(Merriam-webster，2000)，或者是几种不同的事物合成一体。换言之，融合就是不同要素(系统)向同一方向共同演进而形成一个新要素(系统)的过程。根据演化经济学的观点，融合的起因在于开放系统条件下，新奇与创新的产生并向其他系统的扩散，或者不同系统共享相似的创新成果而导致的多个系统向着同一点运动的过程。林德(Lind，2005)指出，“融合无处不在，融合是分离的市场间的一种汇合与合并，跨市场和产业边界进入壁垒的消除”。中方产业园区走出去与东道国的融合发展本质上也是多要素(系统)运动的结果，是两个不同的系统共同演进、创新扩散、吸收合并最终形成一体的相对稳定的状态。中方产业园区在“走出去”过程中与东道国进行融合发展有着非常重要的现实意义：

(1) 对中方来说，通过向其他地区转移比较优势产业和边际产业，可以将本国的经济资源投入利润较高的其他产业，加快产业结构的升级，推动本国的技术创新，更充分地发挥本国的比较优势，获取更大的投资回报。

(2) 对东道国来说，通过双方融合发展能够在其没有足够资本积累的情况下，获得产业发展所需的资金和技术，借助区域间发展程度的差异，后发国家可以依靠承接较发达地区的边际产业来实现本地区工业化的快速发展，并带动关

联产业的发展，加快城镇化进程。

(3) 对“一带一路”区域经济来说，各国之间的产业发展相互交错相互融合，形成一个更加深入的产业链条，有助于区域各国寻找自己的比较优势产业，从而实现整个区域的资源配置优化，促进区域经济的整体发展以及经济文化的相互推动。

2.4.1 “走出去园区”融合发展的模式

根据中方产业园区走出去的主要动因和顶层设计规划，可将中方产业园区与东道国融合发展的模式分为以下三种：产业融合型、技术融合型、管理融合型。

产业融合型是指中方园区在“走出去”过程中以产业转移及转让产能优势为主要驱动力和特征，将某一产业的生产、销售甚至研发环节通过直接投资和国际贸易等方式转移到东道国，从而在产业的空间分布上表现出该产业向东道国转移的现象，并最终与东道国融合。在“一带一路”战略背景下，中方一些具有比较优势的产业可以向相邻国家出口、投资，比如电子、飞机、汽车、高铁、电力、通信、工程机械等产业。

技术融合型是指中方园区在“走出去”过程中以技术转移及转让、技术合作创新等为主要驱动力和特征，双方有目的地引进与自身技术有较强互补性、兼容性的技术和差异性领域的先进技术，并将它与自身核心技术相互渗透、吸收、借鉴、学习，融合产生具有新型功能的新技术，并使之得以扩散。

管理融合型是指中方产业园区在“走出去”过程中以园区品牌、管理经验、先进模式等为主要驱动力和特征，通过提供科学和先进的管理方案与规划模板，为“一带一路”沿线国家产业园区的建设和完善提供全面指导，帮助当地园区快速发展壮大。

2.4.2 “走出去园区”融合发展模式的演化

1. 产业融合型

基于产业园区生态系统持续发展的“三聚”理论，产业融合模式下中方产业园区与东道国融合发展的演化可分为三个阶段，参见图 1-2。

(1) 核心产业转移阶段。合作双方结合各自资源禀赋、优势条件、合作动因等进行整体战略布局和规划，确定进行转移的核心产业和主导企业。工业化初期，产业转移的承接地由于技术落后、劳动力数量和质量不足等因素无法生产一定数量的产品满足国内需求，只得依靠进口相应产品满足需求。中方产业园区通过引导核心企业对外直接投资、商品输出、贸易合作等，帮助东道国建立厂房、重组架构、提供设备、输入技术和中间产品等，以实现核心产业的建设。

(2) 关联产业转移阶段。随着主导产业与核心企业在东道国的融合，产业关联效应开始产生。产业关联的运行机制是基于产业间的某种内在联系的渗透式扩张，分为纵向渗透和横向渗透两种。纵向渗透指的是按照产品之间的前后联系而展开的产业渗透，表现为产业链的上下游关系，包括供应商、制造商和需求商等；横向渗透指的是按照产品之间的关联性而展开的产业渗透模式，表现为产业链的服务关系，包括风险投资、金融机构、研究机构、管理机构、服务中介机构等，从而为核心产业提供资金、技术、人才、管理、服务的外延支撑。

(3) 整体转移阶段。随着主导产业和关联产业的逐步转移，完整的产业集群网络逐步形成，生产网络、知识技术网络以及社会网络联结紧密，逐步构成强联结，形成园区优良的基础设施环境、社会文化环境、政策环境、技术环境、市场环境、地理区位环境、娱乐休闲环境等，最终实现产业的整体转移。

2. 技术融合型

技术融合型是指中方园区在“走出去”过程中以技术转移及转让、技术合作创新等为主要驱动力和特征，技术驱动模式下中方产业园区与东道国融合发展的演绎阶段大致分为三种情况，如表 2-3 所示。

表 2-3　技术驱动模式下中方产业园区与东道国融合发展的三阶段

发展阶段	融合特征	融合形式	融合过程
技术转移、转让	东道国一次性获取技术和知识许可证协议	典型的短期合同	获取技术方(东道国)只需部分的能力确认、评估、谈判、吸收和采用技术
技术交互/互补	中方产业园区与东道国合资经营	典型的正式和非正式长期关系	在技术上互补 双方技术的组合

续表

发展阶段	融合特征	融合形式	融合过程
技术合作创新	技术开发 协议研发 合作研发	短期合同或中期合同 合同是特定的	获取相关技术的信息和知识 双方技术上是互补的 开发新产品新技术

例如，在农业科技合作领域，中国和中亚五国在农业科学技术上存在很强的互补性。中亚五国均是以种植业和畜牧业为主的传统农业国家，具备较高的种植、养殖技术和丰富的种质资源储备。中亚五国在棉花品种资源的收集和保存方面有一套较为完整的体系，在棉花生理生化、遗传育种、灌溉制度等方面有较深入的研究。而中国尤其是新疆在棉花优质品种的培育与推广、棉花的科学种植技术、棉花病虫害的生物与机械防治技术、轧花设备与技术、纺织工业技术等方面都有较明显的优势。中国在地膜覆盖技术和膜下滴灌技术方面具有丰富的经验和较高的技术水平，尤其是新疆天业集团的节水灌溉产品，其技术性能已经达到国际一流水平，而价格仅为国外同类产品的八分之一。目前该技术已经走进中亚哈萨克斯坦、塔吉克斯坦、乌兹别克斯坦三个国家。

3. 管理融合型

管理融合型是指中方产业园区在“走出去”过程中，以园区品牌、管理经验、先进模式等为主要驱动力和特征。在这种模式下，中方产业园区与东道国的融合发展是一个循序渐进的过程，没有明显的区分阶段，主要是中方政府、中方产业园区、中方企业、东道国政府、东道国产业园区、东道国企业等不同层面不同行为主体之间的相互融合，明晰各主体的功能定位及角色分工，发挥各自不同的作用。不同主体的功能定位及相互融合如表 2－4 所示。

表 2－4　管理驱动模式下中方产业园区与东道国融合发展的功能定位

	中方	东道国	两者的融合
政府层面	1. 提供制度保障，防范政治风险，营造合作环境，从高层推动双方合作 2. 在法制规范、政策制定、外交舆论中发挥作用	1. 加大对园区合作的支持力度，鼓励和支持双方共建园区 2. 在境外投资管理、财政税收、金融信贷等方面给予政策支持，鼓励金融机构和风险投资公司介入园区的合作	建立健全政府间合作沟通机制，签署合作协议，共同分享开放合作红利

续表

	中方	东道国	两者的融合
产业园区层面	1. 提供科学和先进的管理经验和规划模板 2. 帮助和指导东道国产业园区进行顶层设计、园区规划及产业定位，协助园区建设 3. 为区内企业及其他机构提供平台服务	1. 借鉴中方园区的管理经验和先进模式 2. 结合自身条件，因地制宜，合作建设产业园区	1. 打造园区间资源、业务、流程等合作平台，加强信息资源的交流共享 2. 共同举办联合招商、联合推介活动，组织区内企业互相进行考察访问，促进企业之间多种形式的经济贸易合作与技术交流
企业层面	1. 在园区合作大环境下积极参与产业转移，实现资源的互补利用和风险分散 2. 进一步深化技术合作创新，吸收整合先进技术知识	1. 在园区合作大环境下积极参与全球产业价值链的整合和集成，进行产品和技术的升级 2. 进一步深化技术合作创新，吸收整合先进技术知识	加强双方信息资源的交流共享，形成多形式、多方位的贸易合作与技术交流

2.4.3　“走出去园区”融合发展的建议

1. 提高合作开放程度，加快产业演进和集聚效应形成

产业转移作为实现区域产业合作的关键环节，是双方实现区域经济合作的必经之路，同时对拉动该区域经济增长具有重要意义。生产要素在不同区域间流动的自由程度和不同区域的开放程度是正相关的，生产要素能否自由流动是实施产业转移的关键环节和重要前提。因此，在进行产业转移的过程中，中方产业园区和东道国融合发展，首先要加大双方区域的开放力度，制定相关政策规划，抑制市场分割，减少资本、劳动和技术在双方区域间流动的各种壁垒，以促进生产要素在合作区域的自由流动，加快产业演进的步伐。产业在转入一个地区后需要一定的时间来发展，而在这个成长期内东道国政府若能提供优惠和便利，就能大大加快这些产业的发展壮大，促成产业集聚的形成，并降低产业转移成本。

2. 加强合作创新，提升区域整体科技水平

区域发展速度、区域产出效率以及区域经济发展水平，基本取决于区域的技术水平以及技术贡献率。然而，单方面的技术转移或者转让并不能最终实现双方整体科技创新水平的提高。在技术开发及技术创新方面，双方产业园区要充分发挥各自所拥有的技术优势，持续性地进行知识、技术层面的深入交流，通过

联合研究、合作开发新兴技术、创新技术等形式，提高研发创新能力，提升区域整体科技水平。

3. 深化人文合作交流，实现差异性文化的融合

跨国经营面临的最大问题是不同文化之间的价值观念、思维方式、行为准则、语言、习惯和信仰等存在的差异。中方产业园区在“走出去”过程中面临的最大问题就是中方与“一带一路”沿线国家在上述方面所存在的差异，要实现与东道国的融合发展，必须重视双方文化融合这一根基。文化融合是指具有不同特质的文化在承认和重视彼此间差异的基础上，相互尊重、相互补充、相互协调、相互吸收渗透，最终形成一种你我合一的、全新的文化体系的过程。文化融合是一个动态的长期磨合过程，需要双方增强诚实互信，加强人文合作交流，培养双方文化的敏感性。

4. 建立人才合作机制，实现园区互联互通

中方与“一带一路”沿线国家有着丰富的人力资源，但由于双方经济发展状况不同，产业结构存在差异，对人才的需求不尽相同，异地人才资源的交流合作具有一定的互补性。建立双方园区的人才合作交流机制，实现人才信息资源的共享，有利于增加两地人力资源的使用弹性，有利于双方园区更有效、更直观地交流合作。一是合作园区间可采用互派人员到对方挂职锻炼的方式，相互学习借鉴，积极探索创新工作方法、管理理念和招商服务理念，为双方合作打好人才基础；二是通过互相的异地人事代理、招聘会、出国留学、劳务输出、人才测评、人才猎头、人才培训等新型人才服务项目，建立广泛的合作交流、市场互动关系，共同搭建区域内共通的人才服务体系；三是建立面向双方的网上人才共享和交流平台，逐步实现全区域人才信息联网；四是加大翻译人员的培训力度，尤其是专业小语种人才的培训。

2.4.4 中国・埃及苏伊士经贸合作区案例分析

1. 基本情况

中国・埃及苏伊士经贸合作区是中国政府批准的第二批国家级境外经贸合

作区，位于亚非欧三大洲金三角地带的埃及苏伊士湾西北经济区，距离首都开罗120 公里，距离苏伊士城 40 公里，距离埃及最现代化的港口因苏哈那港 2 公里。合作区规划面积 10 平方公里，起步区面积 1.34 平方公里，目前已基本开发完成。二期扩展区域面积约 6 平方公里。合作区主导产业为纺织服装、石油装备、高低压电器、新型建材及精细化工等。

2007 年 11 月，天津泰达投资控股有限公司在商务部组织的第二批境外经贸合作区的招标中，成功中标埃及苏伊士经贸合作区。2008 年 7 月，由天津泰达控股有限公司、天津开发区苏伊士国际合作有限公司和埃及埃中合营公司合资组建了埃及泰达投资公司，成为埃及苏伊士经贸合作区项目的开发、建设和管理主体。为加快推动合作区建设步伐，经泰达控股与中非发展基金有限公司友好协商，双方于 2008 年 10 月成立中非泰达投资股份有限公司，注册资本金 4.2 亿元人民币，其中天津泰达投资控股有限公司持股 60%，中非发展基金有限公司持股 40%。随后报经商务部批准，由中非泰达替换泰达控股，持有埃及泰达 75% 的股份，成为埃及苏伊士经贸合作区的境内投资主体。中非泰达对合作区开发履行投资职责，出资组建合作区运营商，全面推动兼具制造、物流、贸易多功能的综合性园区发展，成规模地吸引中国生产企业进入园区，帮助中国企业实现产业转移，促进东道国产业升级和经济发展。

2. 产业驱动融合

产业驱动的融合侧重把中国的产业集群乃至生产方式整体复制到劳动力或原材料成本更低、距离市场更近的地方，在集群区域营造相对独立的环境，减少区内企业的环境适应成本，两个不同的系统最终形成一体的相对稳定的状态。

(1) 主导产业转移

中埃苏伊士经贸合作区在招商中就明确采取“以吸引龙头型企业为主，依托园区内各产业中的龙头企业，集中吸引相关配套产业，争取在园区内形成几条较为完整的产业链”的做法。例如，以“宏华钻机”和“国际钻井材料制造公司”为龙头的石油装备产业园区；以“西电 Egemac 高压设备公司”为龙头的高低压电器产业园区；以“中纺机无纺布”为龙头的纺织服装产业园区；以“巨石玻璃纤维公司”

为龙头的新型建材产业园区以及以“牧羊仓储公司”为龙头的机械制造类产业园区。这些主导产业和龙头企业迅速打开了国际市场，宏华钻机生产的石油钻机填补了埃及石油产业的空白，供不应求；中纺机无纺布产品绝大部分直接出口欧盟市场；西电 Egemac 高压设备公司产品在埃及市场占有率居于第一。目前，合作区共有入驻企业 58 家，总计吸引合同投资额 6.1 亿美元，提供就业岗位近 2 000个。

不仅如此，苏伊士经贸合作区还建立了自己的入驻标准和退出机制，能够及时吸纳符合条件的企业进入园区，同时将落后产能淘汰出局，从而保证园区产业的活性和公共产品的高效利用。2010 年入驻园区的 27 家企业中，有 6 家于 2011 年被自然淘汰出园区，同时另有 4 家新企业进驻园区。这些企业的平均利润，由 2010 年的 8.38 万美元上升到 2011 年的 9.2 万美元。

（2）关联产业转移

随着主导产业与核心企业在东道国的融合，产业关联效应开始产生，纵向产业链和横向服务链逐步跟进。苏伊士经贸合作区内共有中外方的配套服务机构 26 家，其中包括苏伊士运河银行、法国兴业银行、中海运公司、韩进物流、阳明海运、苏伊士运河保险公司、广告公司等机构，为企业提供生产配套服务。例如与中海运合作设立了专门的货代、清关公司，为入区企业就近提供清关物流服务；引进了苏伊士运河银行、设立了服务公司、设置了客服中心、组建了埃及中国商会苏伊士分会。苏伊士经贸合作区为了帮助企业尽快在合作区扎根、成长、壮大，秉承天津经济技术开发区“投资者是上帝”的服务宗旨，为合作区入区企业提供“一站式、一条龙”企业配套服务。

（3）整体转移

随着核心产业和关联产业的逐步转移，产业集群网络逐步形成，生产网络、知识技术网络及社会网络联结紧密，此阶段合作区内的基础设施环境、社会文化环境、政策环境、技术环境、市场环境、地理区位环境、娱乐休闲环境等已经达到了较好的状态。

截至 2013 年年底，合作区已累计投资 9 342 万美元，占地 1.5 万平方米的泰达苗圃公园、拥有 12 栋标准厂房及小型服务中心的中国中小企业孵化园，已经全部建成投入使用。综合配套服务中心一期工程总建筑面积近 4 万平方米，包括一座 8 层的投资服务中心大楼、一座 7 层四星级酒店、4 栋白领公寓以及底层商业用房全部完工并部分投入使用。合作区为入区企业提供保洁、保安、绿化、维修等基本物业服务。除此之外，还提供包括法律咨询、证件代办、招聘代理等软性服务。合作区内还设有中餐厅、面包房、超市，并修建了体育馆、健身房、员工俱乐部和图书馆等设施，丰富了入驻企业员工的业余文化生活。合作区还与埃及苏伊士运河大学孔子学院成立了联合培训中心，面向合作区企业为埃及员工开展公共汉语、专业汉语和中国文化培训等，并积极筹划成立园区联合党支部和企业商学院。

3. 技术驱动融合

在苏伊士经贸合作区建设过程中，埃方有目的地引进与自身技术有较强互补性、兼容性的技术和差异性领域的先进技术。埃及政府欢迎能够弥补埃及产业空白的、带动税收的、带动就业的产业入驻，企业在生产中通过知识外溢与技术转移，提升埃及相关产业的技术水平。

世界上规模最大的玻璃纤维生产商中国巨石集团 2012 年入驻中埃苏伊士经贸合作区，一期项目总投资 2.23 亿美元，设计年产能 8 万吨玻璃纤维，产品涉及石英砂、石灰石、条石、高岭土等，是目前中国在埃及投资金额最大、技术装备最先进、建设速度最快的工业项目。埃及的石材开采还处于粗放阶段，该项目的投产不仅有利于培育和带动埃及国内复合材料工业的技术进步和快速发展，开拓新的应用领域和消费市场，而且还对当地扩大就业、提升管理水平、增加外汇收入等做出了贡献。

4. 管理驱动融合

中非泰达依托天津泰达开发区成功的管理经验、先进模式，为苏伊士经贸合作区的建设提供了全面指导和资金、经验、人才等方面的有力保障，帮助其快速发展壮大。天津泰达控股有限公司作为天津市大型国有企业之一，拥有一整套先进的开发区建设、运营、管理经验，主导了天津经开区的区域建设和管理，已经将天津经开区打造成为中国投资环境最优和外商投资回报最高的地区。

(1) 借鉴先进的管理理念

中非泰达依托天津泰达开发区的成功经验,对天津泰达开发区“项目是生命线、投资者是帝王、完善的基础设施、全方位的服务意识、舒适的生活配套”等先进理念进行成功诠释。作为投资控股型公司,中非泰达为保证合作区项目长期稳定发展,明确公司职能定位,已成立项目运行的战略规划中心、企划中心、投融资中心、计划信息管理中心、人力资源中心,同时兼顾国内招商、公共关系和行政管理等职能。

(2) 仿真国内的投资环境

借鉴天津开发区 30 年的建区经验,中非泰达以“高水平区域整体规划”、“高密度基础设施建设”、“高效能行政服务管理”营造良好的工业环境、商务环境、文化环境、生活环境等,为入区企业提供高效、一致的仿真国内的投资环境。

(3) 探索开发盈利模式

基于埃及国情和天津开发区的经验,中非泰达投资公司在合作区开发建设方法和途径方面,既未采取埃及其他工业区直接出售工业用地的开发方式,也摒弃了中国开发区惯常实行的“资本循环模式”,而是借鉴了该公司在天津开发区较为成熟的建设、运营与管理经验,探索海外经济特区开发的盈利模式,即合作区开发建设的时序依次是:购买土地并实现七通一平;建设工业厂房孵化区和区域生态景观;建设综合服务配套设施。由此,将荒芜的戈壁滩建设成生态化、生活化、工业化的围合式工业新城。这有效解决了埃及投资环境方面基础设施薄弱的问题,合作区承办企业通过前期建设时所提供的优质服务,提升了区域价值。

(4) 规划阶段性功能分区

中非泰达投资股份有限公司将合作区设定为初创期、成长期、成熟期和衰退期四个发展阶段,其中既有长期规划也有短期规划,合作区开发坚持循序渐进、分期进行。基于长期远景规划,合作区根据全球产业转移规律以及中国和埃及双方产业发展诉求,确定了核心商务区、工业区、仓储物流区和生活区四大功能分区，逐步将其建成集生产和生活于一体、经济价值聚集、供应链完备、可持续发展的现代化工业新城。

5. 总结

自 2008 年起开始大规模开发和建设以来，苏伊士经贸合作区就成为中外企业集群发展的聚集地，为“走出去”的中国企业搭建了一个良好的海外发展平台，是中埃两国合作互利共赢的典范。中方与苏伊士经贸合作区的融合发展是产业、技术、管理三力共同驱动的结果，三种要素相互补充相互促进，最终实现了园区建设运营的一体化。

第3章

中国产业园区持续发展综合排名分析

本章根据中国产业园区持续发展指标评价体系及 2014 年的采集数据，测算出 2014 年中国国家级产业园区持续发展竞争力总体排名，并对总体排名、均值以上排名、分类指标排名以及 2014 年与 2013、2012 年的排名变动进行分析。

3.1　综合排名与分析

依据产业园区持续发展指标体系及评价工作方法，课题组以中国 501 家国家级园区为对象，针对 20 项指标进行 2014 年数据的搜集与处理，测量其持续发展水平，从而对 2014 年中国国家级产业园区持续发展竞争力进行综合排名，并得到百强榜名单如表 3－1 所示。

表 3－1　2014 年中国国家级产业园区持续发展竞争力综合排名百强榜

排名	园区名称	区域	得分
1	北京中关村国家自主创新示范区	东	0.996 9
2	上海张江国家自主创新示范区	东	0.685 0
3	苏州工业园区	东	0.534 4
4	天津经济技术开发区	东	0.489 8
5	广州经济技术开发区	东	0.460 9
6	武汉东湖国家自主创新示范区	中	0.448 4
7	青岛经济技术开发区	东	0.428 2
8	长春高新技术产业开发区	中	0.407 8
9	深圳高新技术产业开发区	东	0.397 8
10	昆山经济技术开发区	东	0.396 8
11	大连经济技术开发区	东	0.392 9
12	漕河泾经济技术开发区	东	0.381 1
13	合肥高新技术产业开发区	中	0.366 6
14	武汉经济技术开发区	中	0.366 4
15	成都高新技术产业开发区	西	0.364 2
16	西安高新技术产业开发区	西	0.361 4
17	北京经济技术开发区	东	0.358 8
18	烟台经济技术开发区	东	0.349 5
19	合肥经济技术开发区	中	0.344 1
20	沈阳经济技术开发区	东	0.340 5
21	长春经济技术开发区	中	0.336 5

续表

排名	园区名称	区域	得分	排名	园区名称	区域	得分
22	郑州高新技术产业开发区	中	0.3364	51	徐州经济技术开发区	东	0.2759
23	南京国家高新技术产业开发区	东	0.3351	52	潍坊高新技术产业开发区	东	0.2739
				53	嘉兴经济技术开发区	东	0.2731
24	苏州国家高新技术产业开发区	东	0.3281	54	厦门火炬高技术产业开发区	东	0.2730
25	天津滨海高新技术产业开发区	东	0.3278	55	威海火炬高技术产业开发区	东	0.2711
26	宁波经济技术开发区	东	0.3261	56	惠州大亚湾经济技术开发区	东	0.2688
27	南京经济技术开发区	东	0.3257				
28	南昌经济技术开发区	中	0.3214	57	济宁高新技术产业开发区	东	0.2682
29	青岛高新技术产业开发区	东	0.3169	58	江宁经济技术开发区	东	0.2674
30	南宁高新技术产业开发区	西	0.3074	59	福州经济技术开发区	东	0.2666
31	郑州经济技术开发区	中	0.3073	60	宁波大榭开发区	东	0.2663
32	芜湖经济技术开发区	中	0.3067	61	哈尔滨高新技术产业开发区	中	0.2646
33	长沙高新技术产业开发区	中	0.3042				
34	长沙经济技术开发区	中	0.3036	62	温州经济技术开发区	东	0.2639
35	广州南沙经济技术开发区	东	0.3035	63	佛山高新技术产业开发区	东	0.2629
36	宁波高新技术产业开发区	东	0.3026	64	上海金桥出口加工区	东	0.2627
37	西安经济技术开发区	西	0.2982	65	南昌高新技术产业开发区	中	0.2622
38	哈尔滨经济技术开发区	中	0.2977	66	东莞松山湖高新技术产业园	东	0.2621
39	南通经济技术开发区	东	0.2964				
40	珠海高新技术产业开发区	东	0.2957	67	江阴高新技术产业开发区	东	0.2598
41	惠州仲恺高新技术开发区	东	0.2955	68	吴江经济技术开发区	东	0.2596
42	济南高新技术产业开发区	东	0.2917	69	营口经济技术开发区	东	0.2594
43	沈阳高新技术产业开发区	东	0.2883	70	淄博高新技术产业开发区	东	0.2583
44	成都经济技术开发区	西	0.2870	71	连云港经济技术开发区	东	0.2575
45	无锡国家高新技术产业开发区	东	0.2865	72	绵阳高新技术产业开发区	西	0.2561
				73	马鞍山经济技术开发区	中	0.2550
46	常州国家高新技术产业开发区	东	0.2846	74	保定高新技术产业开发区	东	0.2546
				75	秦皇岛经济技术开发区	东	0.2545
47	杭州高新技术产业开发区	东	0.2835	76	廊坊经济技术开发区	东	0.2528
48	中山火炬高技术产业开发区	东	0.2792	77	太原高新技术产业开发区	中	0.2512
				78	西宁经济技术开发区	西	0.2501
49	扬州经济技术开发区	东	0.2776	79	乌鲁木齐经济技术开发区	西	0.2501
50	贵阳高新技术产业开发区	西	0.2772	80	贵阳经济技术开发区	西	0.2480

续表

排名	园区名称	区域	得分	排名	园区名称	区域	得分
81	兰州经济技术开发区	西	0.245 6	91	徐州国家高新技术产业开发区	东	0.237 0
82	萧山经济技术开发区	东	0.244 7				
83	襄阳高新技术产业开发区	中	0.242 4	92	潍坊滨海经济技术开发区	东	0.236 3
84	昆明高新技术产业开发区	西	0.241 7	93	洛阳高新技术产业开发区	中	0.235 3
85	东营经济技术开发区	东	0.241 6	94	临沂经济技术开发区	东	0.235 3
86	石家庄高新技术产业开发区	东	0.239 9	95	大庆高新技术产业开发区	中	0.235 1
				96	昆山高新技术产业开发区	东	0.235 0
87	常熟经济技术开发区	东	0.239 1	97	湛江经济技术开发区	东	0.234 6
88	重庆高新技术产业开发区	西	0.239 0	98	湘潭高新技术产业开发区	中	0.234 1
89	大连高新技术产业开发区	东	0.238 0	99	桂林高新技术产业开发区	西	0.233 4
90	吉林高新技术产业开发区	中	0.237 2	100	威海经济技术开发区	东	0.233 1

3.1.1 持续发展综合排名总体状况分析

——百强榜第1名中关村国家自主创新示范区得分具有绝对优势，其余相邻排名产业园区之间的差距较小。从表3-1可知，前3名均来自东部地区，北京中关村国家自主创新示范区位居榜首，上海张江国家自主创新示范区排名第2位，苏州工业园排在第3位。中关村国家自主创新示范区总体得分具有绝对优势，高出第2名上海张江国家自主创新示范区0.311 9，是苏州工业园区的1.86倍。除第1名与第2名之间的总体得分差距较大以外，其余相邻排名产业园区之间的总体得分差距都非常小。

——综合排名百强榜前10强中，东部园区占8家，中部园区占2家，东部园区排名数量和得分均占绝对优势。百强榜综合排名前10强的产业园区中，东部产业园区占据8家，而名列第6名和第8名的园区分别为中部武汉东湖国家自主创新示范区和长春高新技术产业开发区。从前10强总体得分情况来看，全部得分共为5.246 0，平均得分为0.524 6。其中，东部产业园区的总体得分共为4.389 8，占前10强总得分的83.7%，见图3-1；东部产业园区平均得分为0.548 7，高于前10强的平均得分，而中部园区的平均得分为0.428 1，低于平均得分，见图3-2。可以看出，综合排名百强榜前10强的产业园区中，东部产业园区排名和得分均占绝对优势。

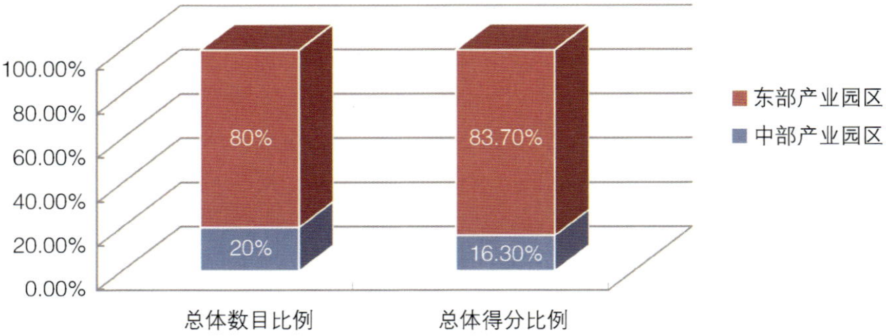

图 3-1　综合排名前 10 强产业园区区域总体数目比例和总体得分比例比较

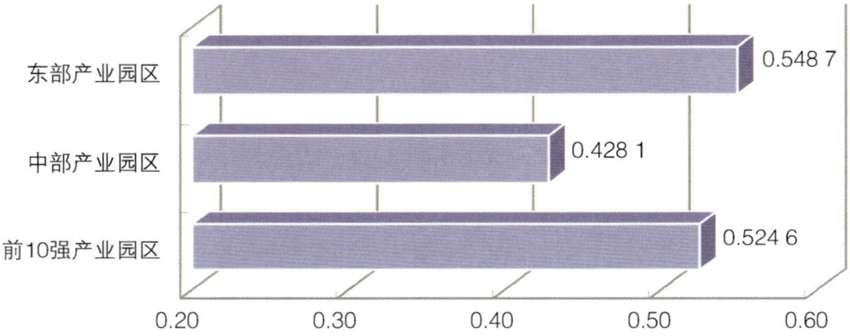

图 3-2　综合排名前 10 强产业园区区域平均得分比较

——综合排名百强榜前 10 强中，经开区与高新区在排名数量上平分秋色，高新区在平均得分上占据优势。从产业园区的类别来看，综合排名百强榜前 10 强的产业园区中，经开区有 5 个，高新区为 5 个，两类园区数量相同；从具体得分来看，前 10 强产业园区中经济技术开发区的总体得分占前 10 强总体得分的 44%，高新区占 56%。可以看出，10 强园区中高新区得分所占比例高于数量所占比例，见图 3-3。前 10 强高新区的平均得分为 0.587 2，高于前 10 强产业园区的平均得分 0.524 6；经开区的平均得分为 0.462，低于前 10 强产业园区平均得分，见图 3-4。这表明，总体排名前 10 强产业园区中，虽然高新区数量与经开区相同，但是高新区的平均持续竞争力高于经开区。

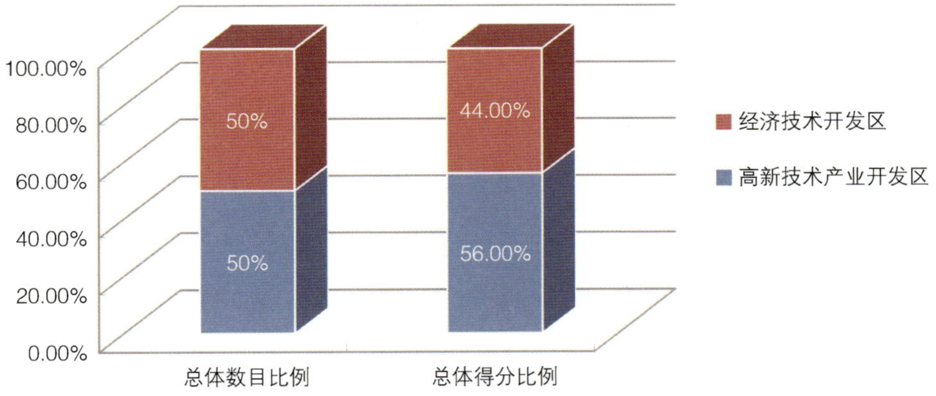

图 3－3　综合排名前 10 强产业园区类别数目比例与得分比例比较

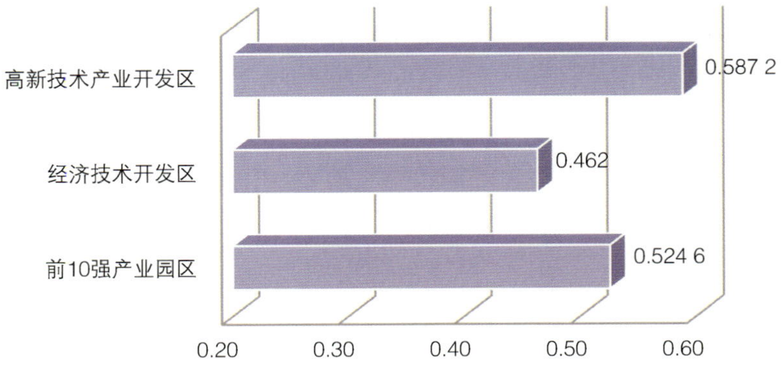

图 3－4　综合排名前 10 强产业园区类别平均得分比较

3.1.2　持续发展综合排名区域状况分析

——综合排名百强榜中，东部园区数量上占据绝对优势，且平均得分高于百强榜平均得分。从 2014 年中国国家产业园区持续发展竞争力百强榜的区域数目分布来看，东部产业园区为 64 家，中部产业园区 22 家，西部产业园区 14 家，东部数目高于中西部总和。从得分总值来看，东部产业园区为 20.084 3，占总体得分的 65.6%；中部产业园区为 6.664 1，占总体得分的 21.8%；西部产业园区为 3.859 3，占总体得分的 12.6%。可以看出，区域得分比例的分布与区域数目比例的分布基本相当，见图 3－5。从平均得分来看，东部产业园区和中部产业园区平均得分分别为 0.313 8、0.302 9；西部产业园区平均得分为 0.287 2，中西部均低于百强榜平均值 0.306 1，见图 3－6。

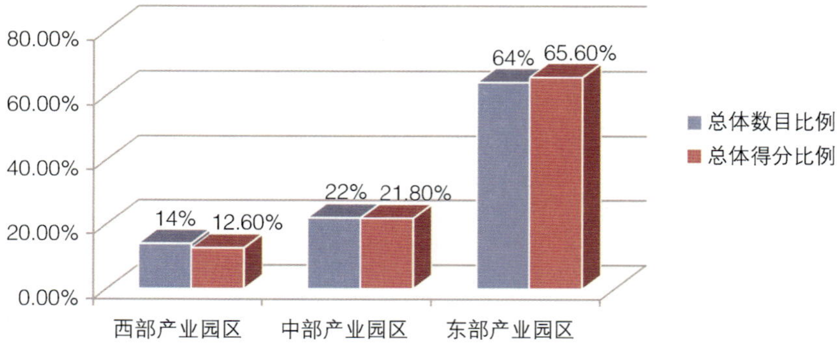

图 3－5　综合排名百强榜产业园区区域数目比例与得分比例比较

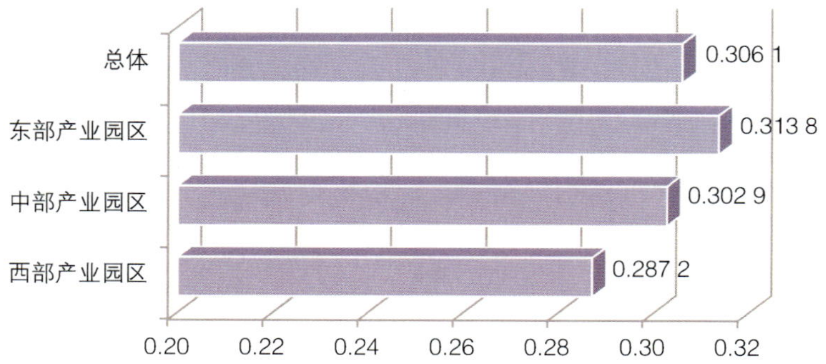

图 3－6　综合排名百强榜产业园区不同区域平均得分比较

——综合排名百强榜中，东部园区名次差距和得分差距均大于中西部园区。从变异系数来看，东部产业园区得分的变异系数为 0.372 5，高于百强榜总体得分变异系数 0.325 4；中部产业园区和西部产业园区得分的变异系数分别为 0.191 5、0.139 3，均低于总体得分变异系数，见图 3－7。这说明相比较而言，东部产业园区间的持续发展竞争力差异较大，分布较离散。从百强榜中也可以看出，东部产业园区虽然在前 10 强中占到 8 个，但是在第 91 名到第 100 名的最后 10 名中也有 6 个，其中，第 96、97、100 名均来自东部地区。而西部产业园区得分的变异系数最小，说明西部产业园区之间的持续发展竞争力差异较小，从排行榜中也可以看出，除成都和西安的几个产业园区外，其余西部产业园区排名都比较靠后。

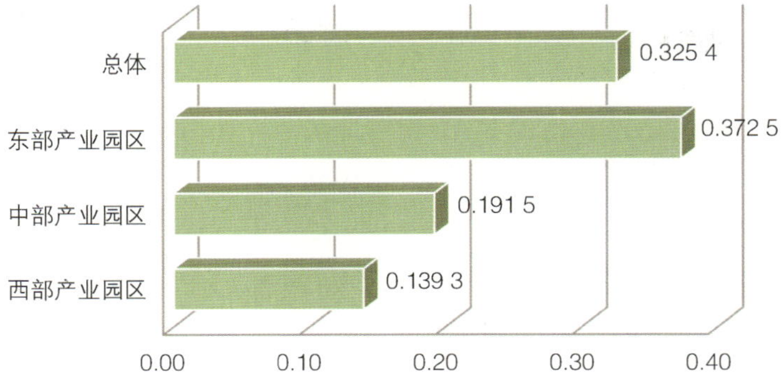

图 3－7　综合排名百强榜不同区域产业园区得分变异系数比较

——综合排名百强榜中，东部园区持续发展优势高于中西部园区。在 2014 年中国所有国家级产业园区中，经济技术开发区与高新技术产业开发区的总体数目为 333 家，其中东部 163 家，占总数的 48.9%；中部 95 家，占总数的 28.5%；西部 75 家，占总数的 22.5%。但在百强榜区域数目分布中，东部园区占 64%，高于应有的比例；而中部产业园区和西部产业园区在百强榜中所占的比例分别为 22%、14%，都低于各自应有的比例，见图 3－8。这也进一步说明，东部产业园区的持续发展优势高于中西部产业园区。

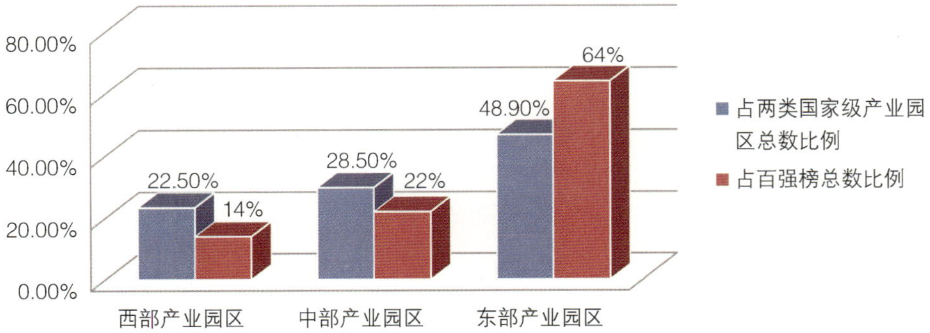

图 3－8　2014 年中国国家级园区区域数目分布与百强榜分布比较

——产业园区与区域经济增长息息相关。从经济发展总量来看，2014 年东部地区 GDP 占全国 GDP 总量的 55%，中、西部地区 GDP 分别占全国 GDP 总量的 25% 和 20%。在百强榜中，东部产业园区得分占百强榜总体得分的 65.6%，中部产业园区得分占百强榜总体得分的 21.8%，西部产业园区得分占百强榜总体得分的 12.6%,具体见图 3-9。这表明,产业园区的发展和区域经济发展息息相关。

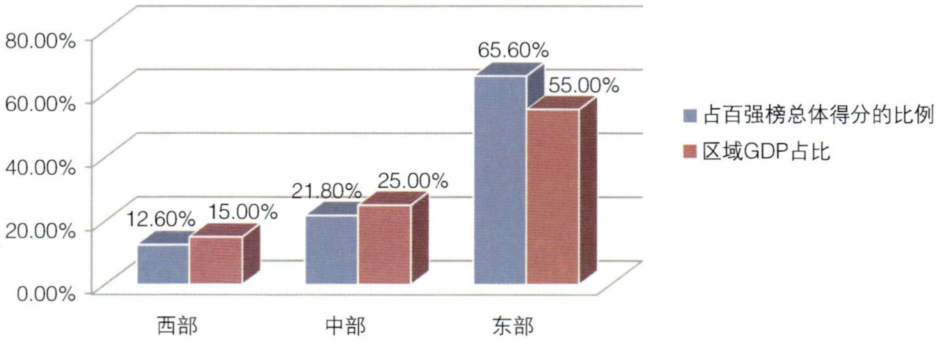

图 3-9　2014 年中国国家级产业园区区域总体得分比例与区域 GDP 占比比较

3.1.3　持续发展综合排名类别状况分析

——综合排名百强榜中,经开区与高新区前百强各占 50 家,但高新区的总体得分略高于经开区。从园区类别来看,百强榜产业园区为高新区和经开区两大类。其中高新区为 50 家,经开区也为 50 家,绝对数量上持平。从得分总值来看,高新区 15.435,占百强榜总体得分的 50.4%;经开区为 15.175,占百强榜总体得分的 49.6%,与两类产业园区数目比例的分布基本相当,见图 3-10。从平均得分来看,高新区平均得分为 0.308 7,略高于百强榜平均得分 0.306 1;经开区平均得分为 0.303 5,略低于百强榜平均得分,见图 3-11。可以看出,高新区的平均发展优势略高于经开区。

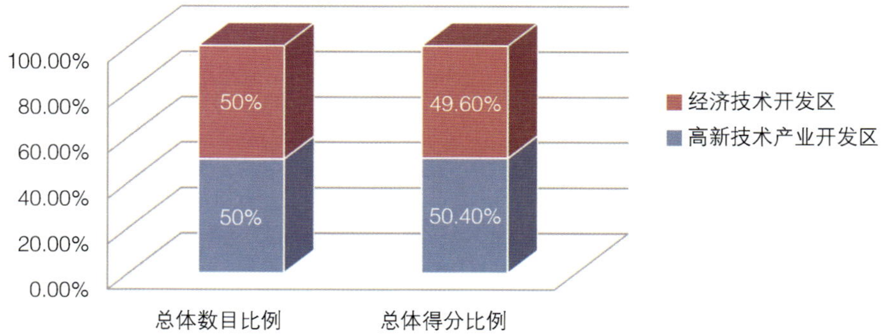

图 3-10　综合排名百强榜产业园区类别数目比例与得分比例比较

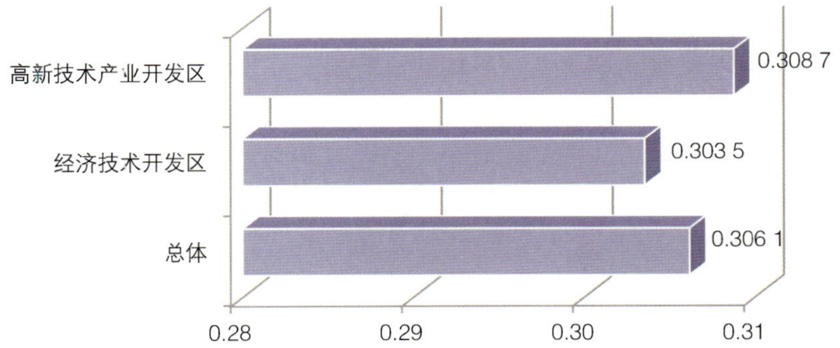

图 3－11　综合排名百强榜不同类别产业园区平均得分比

——综合排名百强榜中，高新区的持续发展差异程度大于经开区。从变异系数来看，高新区得分的变异系数为 0.398 8，高于百强榜总体得分变异系数 0.325 4；经开区得分的变异系数为 0.224 7，低于百强榜总体得分变异系数，见图 3－12。这表明相比较而言，百强榜中高新区之间的持续发展优势差异较大，而经开区持续发展优势的差异相对较小。

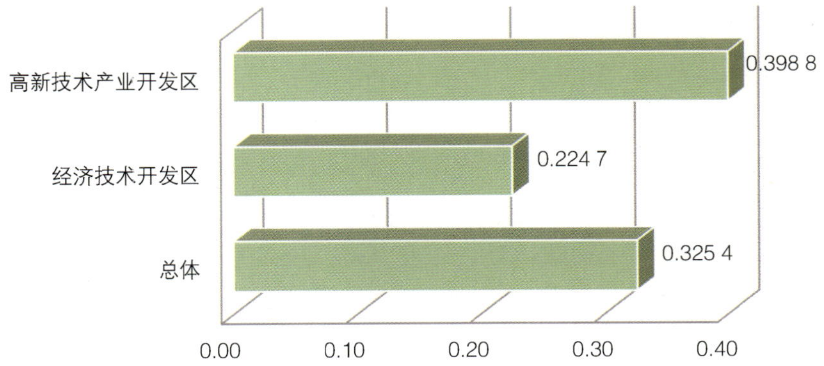

图 3－12　综合排名百强榜不同类别产业园区得分变异系数比较

3.2　均值以上与均值以下产业园区比较

3.2.1　总体状况比较

——百强榜产业园区在持续发展竞争力方面具有前位集中的趋势。依据

2014 年中国国家产业园区持续发展竞争力排名与得分百强榜信息，测算百强榜总体得分均值为 0.306 1，其中得分在均值以上的园区有 32 家，得分在均值以下的产业园区有 68 家。均值以上产业园区的得分总值为 12.745 6，占百强榜得分总值的 41.6%；均值以下产业园区的得分总值为 17.863 6，占百强榜得分总值的 58.4%，见图 3－13。从平均得分来看，均值以上产业园区的平均得分为 0.398 3，远高于百强榜总体得分均值；均值以下产业园区的平均得分仅为 0.262 7，见图 3－14。可以看出，百强榜中的产业园区在持续发展竞争力方面具有前位集中的趋势。

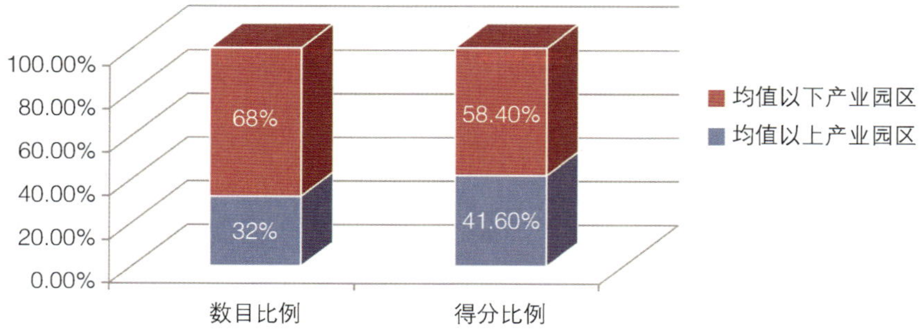

图 3－13

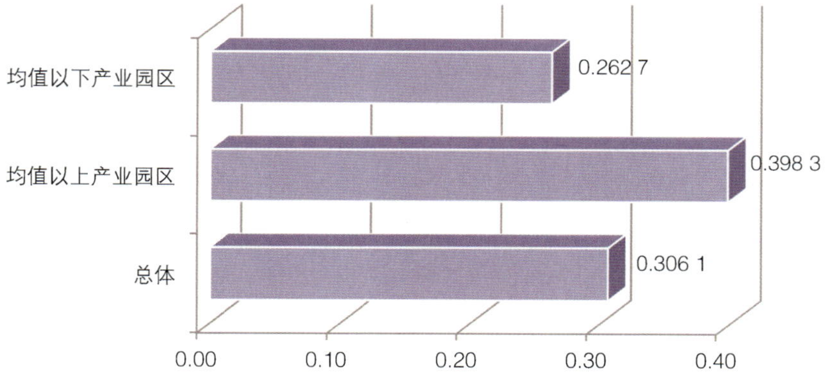

图 3－14　综合排名百强榜均值上下产业园区平均得分比较

3.2.2　区域状况比较

——百强榜均值以上的产业园区中，东部园区仍占据排名数量优势和得分优势。百强榜得分在均值以上的产业园区为 32 家，其中，东部产业园区为 19 家，占比为 59.4%，与百强榜东部园区占总体园区的比例相当，说明东部园区的排名分布较平均；均值以上中部产业园区 10 家，占均值以上产业园区的 31.3%，高于百强榜中东部产业园区占总体园区的比例，说明中部地区在高质量产业园区中，数量上具有较高的比重，其中武汉东湖国家自主创新示范区和长春高新技术产业开发区，均进入前 10 强；而西部园区仅为 3 家，占均值以上园区的比例仅为 9.3%，低于百强榜西部园区占总体园区的比例 14%，表明西部园区的排名集中在均值以下，见图 3 - 15。从具体得分来看，百强榜园区总体得分在均值以上的东部产业园区的得分均值为 0.430 1，高于均值以上园区的平均得分 0.398 3；中部产业园区与西部产业园区得分均值分别为 0.354 2 和 0.344 3，均低于均值以上园区的平均得分，见图 3 - 16。从这一点也可以看出，在高质量产业园区中，东部园区具有较强的持续发展优势。

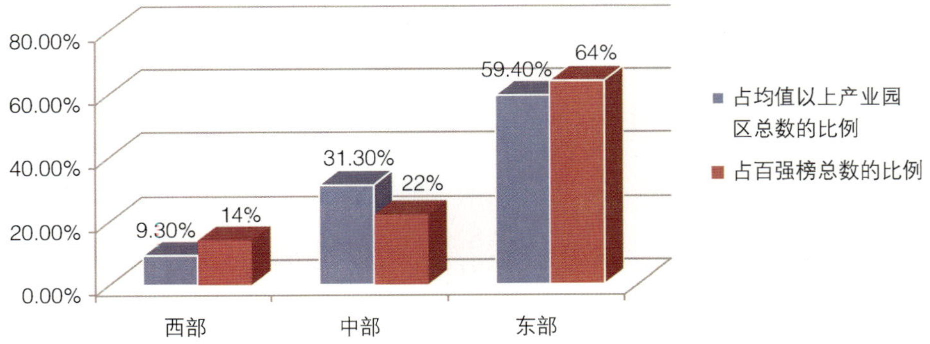

图 3 - 15　得分均值以上产业园区区域分布与百强榜区域分布比较

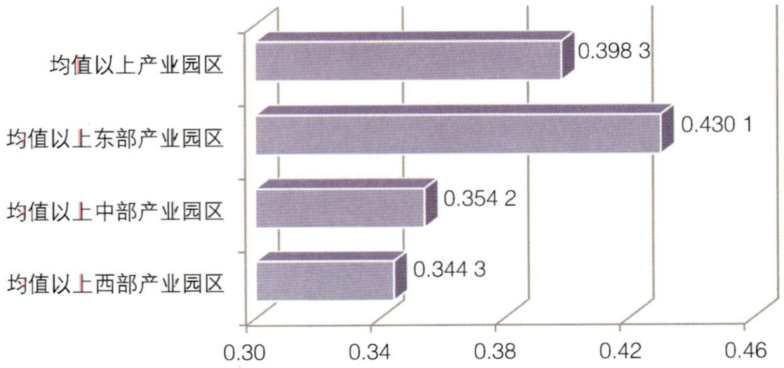

图 3 - 16　均值以上产业园区不同区域平均得分比较

3.2.3 类别状况比较

——百强榜均值以上的产业园区中，经开区具有排名数量优势，但高新区平均得分具有绝对优势。百强榜得分在均值以上的产业园区中，经济技术开发区为 18 个，占均值以上园区的比例为 56.3%，高于百强榜经济技术开发区占总体产业园区的数目比例 50%，这表明在高质量园区中，经济技术开发区所占的比例较高；而得分在均值以上的产业园区中，高新技术产业开发区 14 个，占均值以上园区的比例为 43.7%，低于百强榜高新技术产业开发区占总体园区的数目比例 50%，表明在百强榜的均值以上高质量园区中，经济技术开发区具有数量优势，见图 3 - 17。而从具体得分来看，百强榜得分在均值以上的园区中，经济技术开发区的得分均值为0.375 9，低于均值以上园区的平均得分 0.398 3；高新技术产业开发区得分均值为 0.427 1，高于均值以上园区的平均得分，见图 3 - 18。

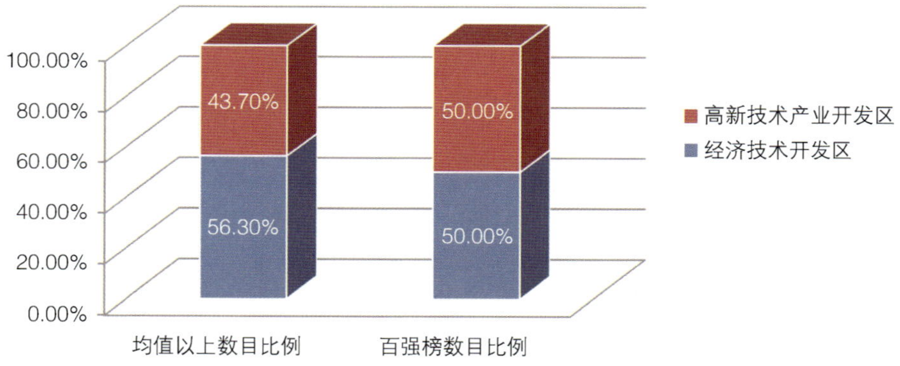

图 3 - 17 均值以上产业园区类别数目分布与百强榜类别数目分布比较

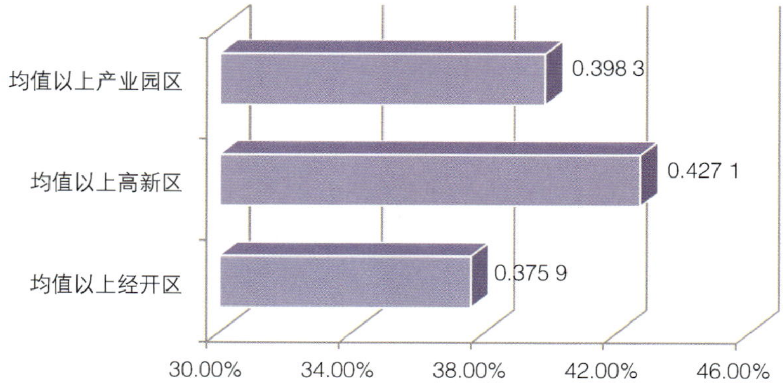

图 3 - 18 均值以上产业园区不同类别平均得分比较

可见，虽然经济技术开发区在高质量园区数目上具有优势，但在具体得分比较上，均值以上高新技术产业开发区得分高于经济技术开发区。这也表明，高新技术产业开发区虽然在高质量园区中数目所占的比例相对较小，但质量更高，更具较强的持续竞争优势。

3.3 具体指标排名分析

3.3.1 经济发展指标排名分析

——经济发展指标第 1 名北京中关村国家自主创新示范区得分仍具有绝对优势，其余相邻名次间差距较小，呈现连续性分布特征。从经济发展指标前 20 强排名与得分可以看出，经济发展指标前 3 名分别是北京中关村国家自主创新示范区、天津经济技术开发区和上海张江国家自主创新示范区，见表 3-2。中关村国家自主创新示范区仍以 0.203 3 的绝对得分优势雄踞百强第 1 位，是第 2 名天津经济技术开发区的 1.39 倍，而天津经济技术开发区与上海张江国家自主创新示范区的差距较小。除第 1 名与第 2 名之间的得分差距较大外，其余相邻名次之间的得分差距非常小，呈现连续性分布特征，见图 3-19。

表 3-2　2014 年中国国家级产业园区经济发展持续竞争力前 20 强排名

排名	园区	得分	排名	园区	得分
1	北京中关村国家自主创新示范区	0.203 3	11	西安高新技术产业开发区	0.082 7
2	天津经济技术开发区	0.146 3	12	烟台经济技术开发区	0.076 5
3	上海张江国家自主创新示范区	0.132 1	13	大连经济技术开发区	0.072 0
4	长春高新技术产业开发区	0.121 8	14	成都高新技术产业开发区	0.070 8
5	苏州工业园区	0.109 4	15	深圳高新技术产业开发区	0.064 6
6	广州经济技术开发区	0.105 0	16	郑州高新技术产业开发区	0.064 4
7	昆山经济技术开发区	0.100 5	17	天津滨海高新技术产业开发区	0.057 5
8	青岛经济技术开发区	0.087 0	18	广州南沙经济技术开发区	0.056 5
9	武汉经济技术开发区	0.086 7	19	南京国家高新技术产业开发区	0.052 5
10	武汉东湖国家自主创新示范区	0.083 9	20	嘉兴经济技术开发区	0.052 5

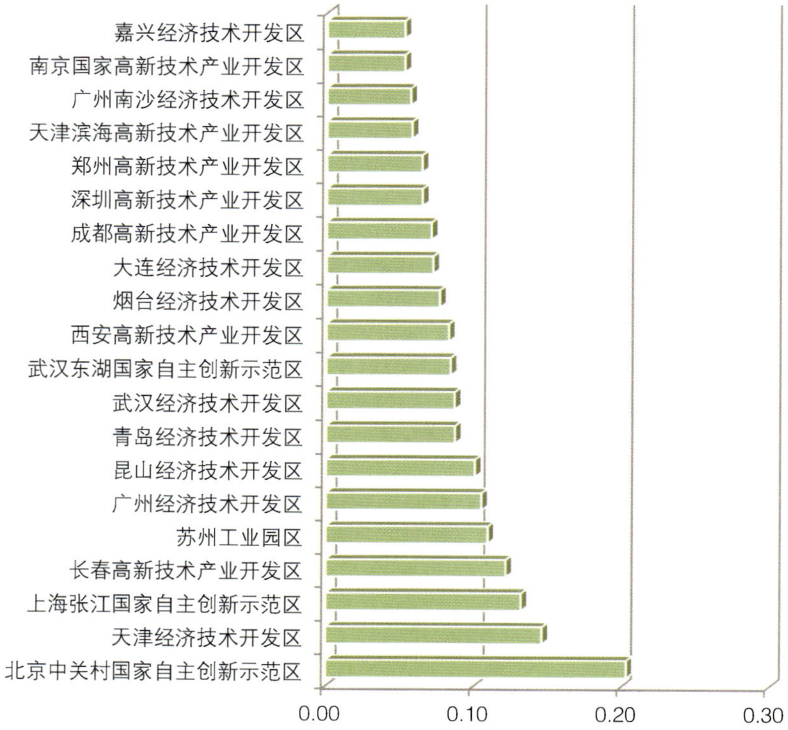

图 3－19　经济发展指标前 20 强产业园区得分

——排名居前的主要原因在于园区经济体量较大、经济增速较快。第 1 名中关村国家自主创新示范区经济发展指标不仅经济体量较大，而且也具有较快的增长速度，2014 年实现总收入居第 1 位，超过 3.6 万亿元，同比增长 20% 以上；上缴税收 1 858 亿元，居第 1 位；工业总产业值为 9 289 亿元，居第 1 位；出口总额为 337 亿美元，次于昆山经济技术开发区、苏州工业园和上海张江国家自主创新示范区，居第 4 位。第 2 名天津经济技术开发区 2014 年的工业总产值为 9 077 亿元，仅次于中关村国家自主创新示范区；园区 GDP 为 2 801 亿元，均位于前列。第 3 名上海张江国家自主创新示范区工业总产值 8 110 亿元，仅次于中关村国家自主创新示范区和天津经济技术开发区；出口创汇 362 亿美元，仅次于昆山经济技术开发区和苏州工业园；上缴税收 702 亿元，仅次于中关村国家自主创新示范区和长春高新技术产业开发区。长春高新技术产业开发区之所以位居前列，其原因是经济存量指标靠前，其中上缴税收为 707 亿元，位居第 2 名，此外工业总产值、出口创汇的增长率也较高。

——百强榜总体排名前 10 强的园区都进入了经济发展指标前 20 强，而总体排名前 20 强园区有 5 家没有进入经济发展指标前 20 强。通过表 3－2 可以看出，百强榜总体排名前 10 强的园区全部进入了经济发展指标前 20 强。而总体排名 20 强园区中有 5 家(漕河泾经济技术开发区、合肥高新技术产业开发区、北京经济技术开发区、烟台经济技术开发区和合肥经济技术开发区)没有进入经济发展指标前 20 强，而新进入的 5 家为郑州高新技术产业开发区、天津滨海高新技术产业开发区、广州南沙经济技术开发区、南京国家高新技术产业开发区和嘉兴经济技术开发区。

——经济发展指标前 20 强中，经开区和高新区在数量上平分秋色，各占 10 家；从平均得分来看，高新区占据优势，其中经开区为 0.089 2，高新区为0.093 4；从区域分布来看，东部园区占据优势，其中东部园区有 14 家，中部园区 4 家，西部园区 2 家。

3.3.2　创新发展指标排名分析

——创新发展指标排名前 3 强为北京中关村国家自主创新示范区、上海张江国家自主创新示范区和苏州工业园。从图 3－20 可以看出，北京中关村国家自主创新示范区在创新发展指标上具有绝对优势，仍以 0.297 1 的得分优势雄踞榜首，分别是上海张江国家自主创新示范区、苏州工业园的 2.3 倍和 3.08 倍。北京中关村国家自主创新示范区企业获得国家科技进步一等奖超过 50 项，承接的“863 项目”占全国的四分之一，“973 项目”占全国的三分之一；技术交易额达到全国的三分之一以上。上海张江国家自主创新示范区拥有 1 000 多个研发机构中，300 多个外资研发机构，从业人员超过 130 万，其中本科及以上学历超过 40%，区内企业授权发明专利数达到 2.4 万件，形成生物医药、电子信息、文化创意、航空航天、先进装备制造、汽车及零部件等主导产业。苏州工业园创新资源日益丰富，R&D 经费支出占 GDP 比重达 3.4%，公共技术服务平台 30 多个、国家级创新基地 20 多个；创新主体加速集聚，每年新增科技项目约 500 个，拥有各类研发机构 356 个、国家高新技术企业 554 家；中科院苏州纳米所、国家纳米技术国际创新园等国家级创新工程加快推进；苏州纳米科技协同创新中心入选全国首批“高等学校创新能力提升计划”；万人有效发明专利拥有量达 57 件，PCT 国际专利申请 136 件。

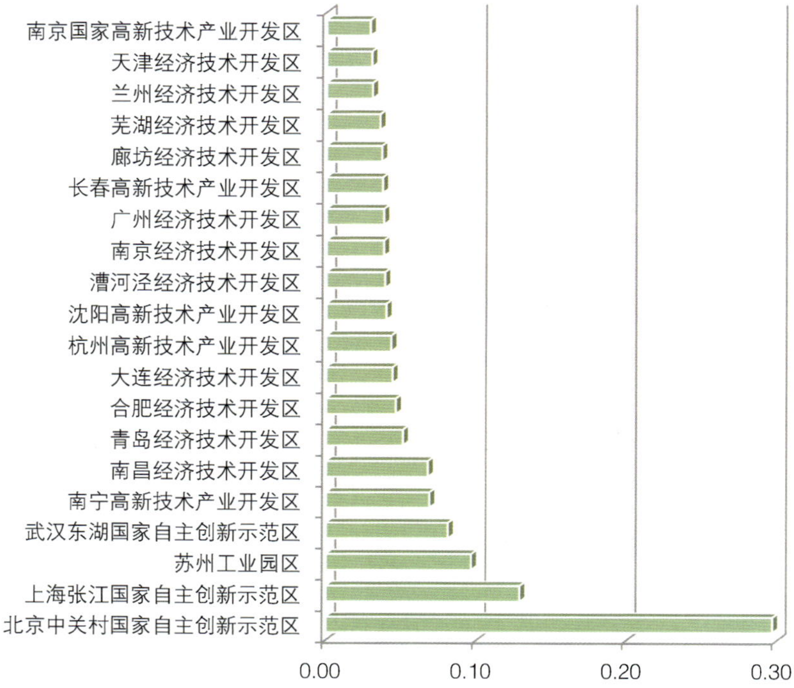

图 3-20　创新发展指标前 20 强产业园区得分

——部分百强榜总体排名未进入前 20 强的园区进入创新指标发展前 20 强。百强榜总体排名没有进入前 20 强的园区，如南京国家高新技术产业开发区、南京经济技术开发区、南昌经济技术开发区、南宁高新技术产业开发区、芜湖经济技术开发区、沈阳高新技术产业开发区、杭州高新技术产业开发区、廊坊经济技术开发区和兰州经济技术开发区进入创新指标发展前 20 强，见表 3-3。这些园区或者拥有区域丰富的创新资源，或者 2014 年度拥有大的创新项目和较多的创新成果。其中，西部南宁高新技术开发区地处广西科技资源密集区中心，聚集了 37 所大中专院校和科研机构，建有 3 个国家级现代产业示范基地（国家火炬计划软件产业基地、国家 863 计划生物产业基地、国家电子商务示范基地）；拥有国家认可检测（测试）实验室 5 家，国际认证实验室 1 家，国家认定企业技术中心 1 家，国家级工程技术研究中心 1 家；2013 年 2 月，科技部正式批复同意南宁高新区创新型特色园区建设方案，标志着南宁高新区建设发展步入新里程，创新型特色园区建设工作正式启动。南昌经济技术开发区科技人力资源丰富，区内拥有 17 所普通高校，19 所研究机构，每年有一大批科研成果诞生，有近 20 万技术性人才从事机械、软件等工作。

表 3－3　2014 年中国国家级产业园区创新发展持续竞争力前 20 强排名与得分

排名	园区名称	得分	排名	园区名称	得分
1	北京中关村国家自主创新示范区	0.297 1	11	沈阳高新技术产业开发区	0.040 0
2	上海张江国家自主创新示范区	0.128 9	12	漕河泾经济技术开发区	0.039 1
3	苏州工业园区	0.096 4	13	南京经济技术开发区	0.038 3
4	武汉东湖国家自主创新示范区	0.081 0	14	广州经济技术开发区	0.038 3
5	南宁高新技术产业开发区	0.068 7	15	长春高新技术产业开发区	0.037 4
6	南昌经济技术开发区	0.067 7	16	廊坊经济技术开发区	0.036 9
7	青岛经济技术开发区	0.051 0	17	芜湖经济技术开发区	0.035 6
8	合肥经济技术开发区	0.046 3	18	兰州经济技术开发区	0.030 7
9	大连经济技术开发区	0.044 1	19	天津经济技术开发区	0.030 2
10	杭州高新技术产业开发区	0.043 2	20	南京国家高新技术产业开发区	0.029 1

——百强榜总体排名前 8 强的园区都进入了创新发展指标前 20 强，而总体排名前 20 强园区有 9 家没有进入创新发展指标前 20 强。百强榜总体排名前 10 强的园区中，昆山经济技术开发区和大连经济技术开发区没有进入创新发展指标前 20 强；百强榜总体排名前 20 强中，还有合肥高新技术产业开发区、武汉经济技术开发区、成都高新技术产业开发区、西安高新技术产业开发区、北京经济技术开发区、烟台经济技术开发区和沈阳经济技术开发区没有进入创新发展发展指标前 20 强。其主要原因一方面是经济技术开发区偏向经济发展，创新发展薄弱；另一方面是高新技术开发区创新发展不均衡，创新资源、创新平台与创新成果之间不能彼此兼顾。

——创新发展指标前 20 强中，经开区数量上占据优势，有 12 家，高新区占 8 家；高新区平均得分上占绝对优势，为 0.090 7，经开区为 0.046 2；从区域分布来看，东部园区占据优势，有 13 家，中部园区 5 家，西部园区 2 家。

3.3.3 产业合作指标排名分析

——从得分上来看，产业合作指标排名前 20 强可以分为两个梯队，上海张江国家自主创新示范区和北京中关村国家自主创新示范区得分具有绝对优势，为第一梯队；其余园区得分差距甚小，其中深圳高新技术产业开发区为第二梯队排头兵。从表 3－4 和图 3－21 可以看出，上海张江国家自主创新示范区和中关村国家自主创新示范区在产业合作指标得分上具有绝对优势。上海张江国家自主创新示范区包括“一区二十二园”，形成了生物医药、电子信息、文化创意、航空航天、先进装备制造、汽车及零部件等主导产业。中关村经过 20 多年的发展建设，已经聚集以联想、百度为代表的高新技术企业近 2 万家，形成了下一代互联网、移动互联网和新一代移动通信、卫星应用、生物和健康、节能环保、轨道交通等六大优势产业集群，集成电路、新材料、高端装备与通用航空、新能源和新能源汽车等四大潜力产业集群和高端发展的现代服务业。深圳高新技术产业开发区在该指标排名为第 3 名，深圳高新技术产业开发区在产业集聚方面集聚了近 400

表 3－4　2014 年中国国家级产业园区产业合作持续竞争力前 20 强排名与得分

排名	园区名称	得分	排名	园区名称	得分
1	上海张江国家自主创新示范区	0.163 0	11	长沙高新技术产业开发区	0.085 3
2	北京中关村国家自主创新示范区	0.160 7	12	昆山经济技术开发区	0.085 3
3	深圳高新技术产业开发区	0.102 1	13	青岛高新技术产业开发区	0.084 4
4	厦门火炬高技术产业开发区	0.092 8	14	马鞍山经济技术开发区	0.084 0
5	漕河泾经济技术开发区	0.088 6	15	烟台经济技术开发区	0.083 3
6	广州经济技术开发区	0.088 4	16	苏州工业园区	0.082 3
7	郑州经济技术开发区	0.087 3	17	威海火炬高技术产业开发区	0.081 9
8	武汉东湖国家自主创新示范区	0.087 2	18	宁波高新技术产业开发区	0.081 7
9	长春经济技术开发区	0.086 7	19	南通经济技术开发区	0.081 3
10	太原高新技术产业开发区	0.085 4	20	天津经济技术开发区	0.080 3

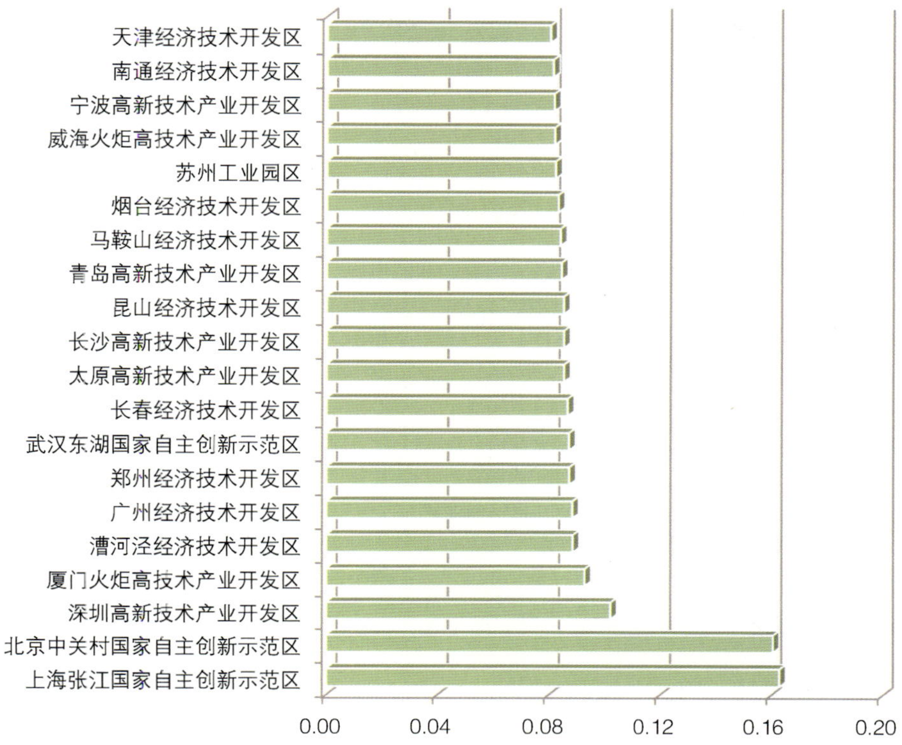

图3-21　产业合作指标前20强产业园区得分

家国家高新技术企业和近300家规模以上企业，有80多家上市公司；在产业合作方面，深圳高新技术产业开发区形成了以市场为导向、企业为主体、产学研结合的区域创新体系。

——部分百强榜总体排名未进入前20强的园区，由于产业集聚程度高，园区内、外部合作频繁，在产业合作指标排名中挺进前20强。这些园区为长春经济技术开发区、青岛高新技术产业开发区、郑州经济技术开发区、长沙高新技术产业开发区、宁波高新技术产业开发区、南通经济技术开发区、厦门火炬高技术产业开发区、威海火炬高技术产业开发区、马鞍山经济技术开发区和太原高新技术产业开发区。

——百强榜总体排名前10强的园区中，有2家没有进入创新发展指标前10强，而总体排名前20强园区中有10家没有进入创新发展指标前20强。百强榜总体排名前10强中，青岛经济技术开发区和长春高新技术产业开发区没有进入创新发展指标前 10 强；除此之外，总体排名前 20 强园区还有 8 家没有进入创新发展指标前 20 强，它们是大连经济技术开发区、合肥高新技术产业开发区、武汉经济技术开发区、成都高新技术产业开发区、西安高新技术产业开发区、北京经济技术开发区、合肥经济技术开发区和沈阳经济技术开发区。其主要原因一方面可能是由于产业园区企业集聚度不高，园内上市公司数量较少，另一方面可能是产业园区内外部合作强度不高。

——产业合作指标前 20 强中，经开区和高新区数量上平均分布；高新区得分上占据优势，为 0.102 5，经开区为 0.084 8；从区域分布来看，东部占据 14 家，中部 6 家，西部没有。

3.3.4 公共服务指标排名分析

——公共服务指标排名中，北京中关村国家自主创新示范区得分具有绝对优势，其余相邻名次园区之间的得分差距都较小，呈现连续性分布特征。从表 3－5 和图 3－22 可以看出，公共服务前 3 名分别为中关村国家自主创新示范区、合肥高新技术产业开发区和成都高新技术产业开发区。中关村国家自主创新示范区作为第一个国家自主创新示范区，坚持“深化改革先行区、开放创新引领区、高端要素聚合区、创新创业集聚地、战略产业策源地”的战略定位。近年来，合肥高新区持续加大对创新型项目和企业的扶持力度，设立科技创新产业化基金、创业投资引导基金，支持企业上市，设立和引进了多家创投机构、担保公司和小额贷款公司，积极争取进入非上市股份公司股份报价转让系统（新三板），深入推进国家科技保险试点园区建设，探索专利权质押融资，建立了以政府投入为引导，企业、社会投入为主体的市场化投融资体系。自 2013 年开始，成都高新技术产业开发区加快建设科技和金融结合试点，并以科技创新驱动金融创新，以金融服务提速产业发展，在健全机制、完善体系、打造平台、营造环境和壮大产业等方面扎实工作；在构建服务体系、政策体系、产品体系和产业体系等方面狠下功夫。

表 3－5　2014 年中国国家级产业园区公共服务持续竞争力前 20 强排名与得分

排名	园区名称	得分	排名	园区名称	得分
1	北京中关村国家自主创新示范区	0.185 5	11	宁波经济技术开发区	0.089 1
2	合肥高新技术产业开发区	0.117 1	12	中山火炬高技术产业开发区	0.088 0
3	成都高新技术产业开发区	0.105 2	13	珠海高新技术产业开发区	0.087 3
4	深圳高新技术产业开发区	0.098 8	14	哈尔滨经济技术开发区	0.086 4
5	广州经济技术开发区	0.097 3	15	兰州经济技术开发区	0.086 4
6	上海张江国家自主创新示范区	0.096 8	16	长春经济技术开发区	0.080 2
7	广州南沙经济技术开发区	0.095 2	17	襄阳高新技术产业开发区	0.080 2
8	北京经济技术开发区	0.090 5	18	苏州工业园区	0.079 6
9	天津经济技术开发区	0.089 6	19	苏州国家高新技术产业开发区	0.079 6
10	漕河泾经济技术开发区	0.089 3	20	萧山经济技术开发区	0.079 1

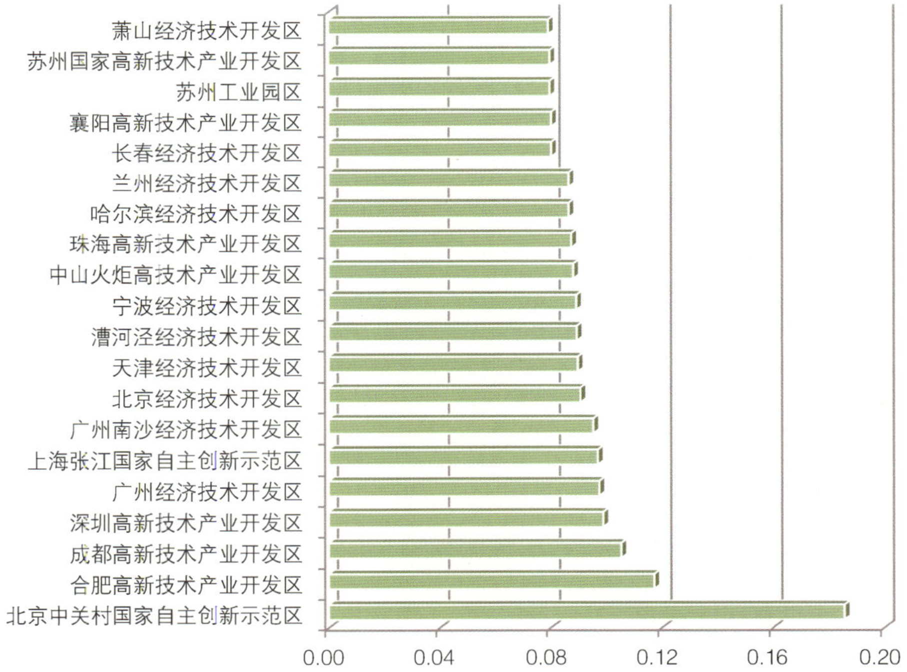

图 3－22　公共服务指标前 20 强产业园区得分

——公共服务指标排名部分知名产业园区得分不具优势。一些知名园区(武汉东湖国家自主创新示范区、青岛经济技术开发区、长春高新技术产业开发区、昆山经济技术开发区、大连经济技术开发区等)在公共服务指标排名上，都不具备优势。一方面是因为这些园区所在区域相比较而言不具优势、高质量的认证检测中心较少;另一方面是因为这些知名园区由于规模较大,为园内企业尤其是中小企业提供的平均服务相对较少。

——部分百强榜总体排名未进入前 20 强的园区,由于区位优势突出、服务园内企业周到等,在公共服务指标排名中挺进前 20 强。这些园区为长春经济技术开发区、苏州国家高新技术产业开发区、宁波经济技术开发区、广州南沙经济技术开发区、哈尔滨经济技术开发区、珠海高新技术产业开发区、中山火炬高技术产业开发区、兰州经济技术开发区、萧山经济技术开发区和襄阳高新技术产业开发区。

——公共服务指标前 20 强中,经开区数量上占据优势,拥有 11 家,高新区拥有 9 家;高新区平均得分上占据优势,为 0. 104 3,经开区为 0. 086 5;从区域分布来看,东部园区数量上占据优势,有 14 家,中部 4 家,西部 2 家。

3.3.5 社会发展指标排名分析

——社会发展指标排名前 20 强中,东部园区占有 16 家,具有绝对优势。从社会发展指标前 20 强排名与得分可以看出,社会发展前 3 名分别是苏州工业园区、上海张江国家自主创新示范区和北京中关村国家自主创新示范区,见表 3 - 6 和图 3 - 23。公共服务指标排名前 20 名园区中,仅有 4 个为中西部地区产业园区,其余全部是东部产业园区,可见东部产业园区相对于中西部而言,具有更好的发展方式和社会声誉。

——百强榜总体排名前 20 强的园区中,有 16 家进入社会发展指标前 20 强。从表 3 - 6 和图 3 - 23 可以看出,百强榜总体排名前 20 强的园区中,仅有 4 家园区没有进入社会发展指标前 20 强,它们是长春高新技术产业开发区、深圳高新技术产业开发区、成都高新技术产业开发区和合肥经济技术开发区。可以看出,百强榜总体排名前 20 强园区经济发展方式较集约,园区美誉度较高。

表 3－6　2014 年中国国家级产业园区社会发展持续竞争力前 20 强排名

排名	园区名称	得分	排名	园区名称	得分
1	苏州工业园区	0.166 6	11	武汉经济技术开发区	0.133 4
2	上海张江国家自主创新示范区	0.164 2	12	沈阳经济技术开发区	0.132 6
3	北京中关村国家自主创新示范区	0.150 2	13	广州经济技术开发区	0.131 9
4	天津经济技术开发区	0.143 3	14	武汉东湖国家自主创新示范区	0.131 1
5	青岛经济技术开发区	0.140 8	15	徐州经济技术开发区	0.127 3
6	大连经济技术开发区	0.135 2	16	西安高新技术产业开发区	0.124 6
7	昆山经济技术开发区	0.134 7	17	合肥高新技术产业开发区	0.122 8
8	烟台经济技术开发区	0.134 6	18	宁波经济技术开发区	0.120 1
9	北京经济技术开发区	0.134 5	19	南京经济技术开发区	0.120 1
10	漕河泾经济技术开发区	0.133 8	20	苏州国家高新技术产业开发区	0.119 6

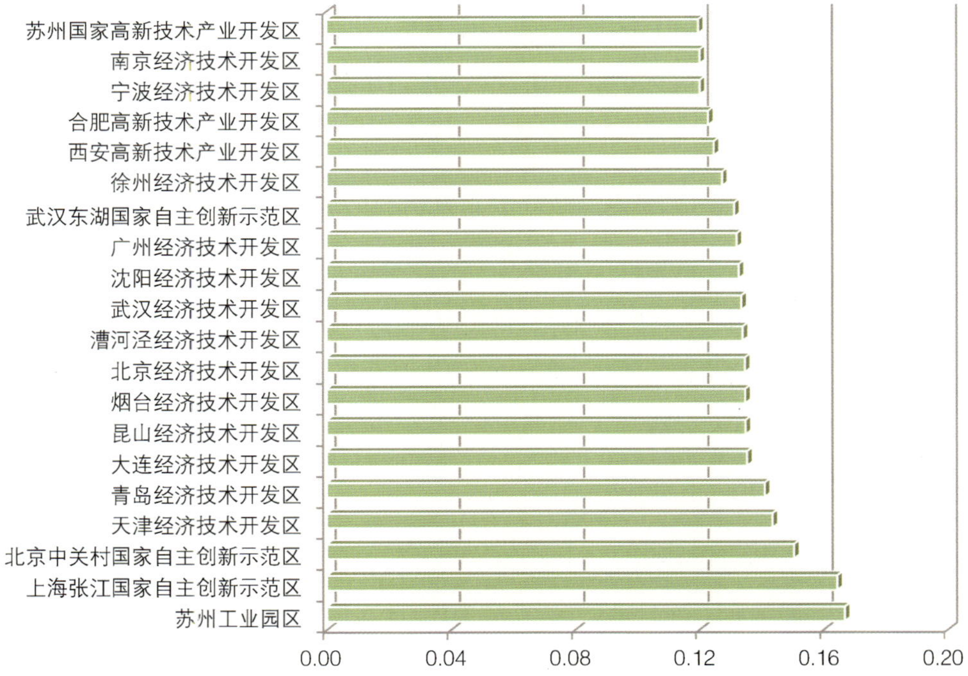

图 3－23　社会发展指标前 20 强产业园区得分

——公共服务指标前 20 强中，经开区数量上占据优势，拥有 14 家，高新区拥有 6 家；从平均得分来看，经开区和高新区相当，其中，经开区为0.134 9，高新区为 0.135 4；从区域分布来看，东部园区数量上占据优势，有 16 家，中部 3 家，西部 1 家。

3.3.6 五大类指标得分均值与变异系数比较

——五大类指标中，产业合作平均得分最高，其次为社会发展和公共服务，最后为经济发展和创新发展；而经济发展和创新发展的得分差异程度则最大。根据各项具体指标的排名与得分情况可计算出均值和变异系数，见图 3－24 和图 3－25。可以发现，社会发展指标的得分均值较高，为 0.103 7；其次是产业合作和公共服务指标得分，分别为 0.070 4 和 0.070 2；均值较小的得分指标是经济发展和创新发展，分别为 0.041 6 和 0.020 2。尽管产业合作、公共服务和社会发展的指标权重相对较低，但其得分却超过经济发展和创新发展指标。经济发展和创新发展指标得分不高的主要原因，一方面是由于这两项指标的第 1 名北京中关村国家自主创新示范区的绝对得分值都占有绝对优势，与其他园区之间的差距较大，以至于其余产业园区的相对值较小；另一方面园区间在这两个指标的得分差距也较大，最终导致经济发展和创新发展指标得分均值较低。从五大类指标的变异系数来看，创新发展和经济发展指标的变异系数最大，这也说明百强榜产业园区间的经济发展和创新发展差异较大。而产业合作、公共服务和社会发展指标的得分变异系数较小，说明百强榜产业园区这三个指标的得分差异较小。

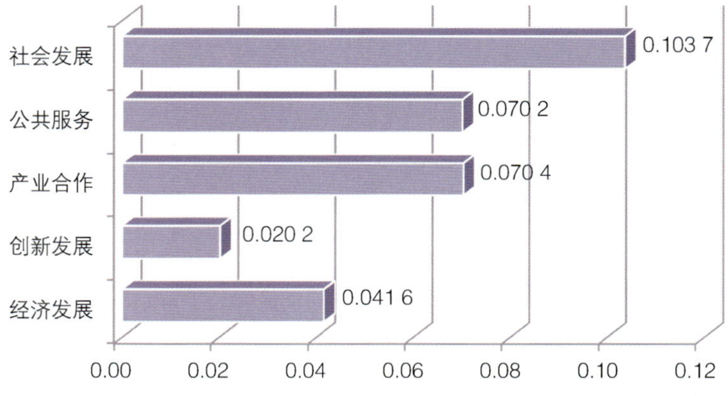

图 3－24　五大类指标得分均值比较

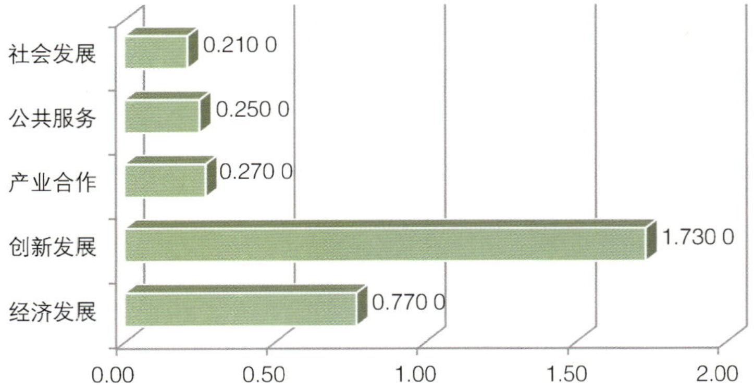

图 3-25　五大类指标得分变异系数比较

3.4　与 2012 年、2013 年百强榜产业园区的比较分析

与 2013 年相比，2014 年的数据分析指标体系和评价工作方法完全一致。2014 年参与评价的中国国家级产业园区样本量达到 501 家。

3.4.1　综合排名状况比较

——2014 年百强榜综合排名得分均值指数低于 2013 年，略高于 2012 年。2014 年百强榜综合排名得分均值为 0.306 1，较 2013 年下降 4.8%，与 2012 年相比较，上升 0.46%。

——百强榜综合排名前 3 强连续三年没有变动。前 3 强分别为北京中关村国家自主创新示范区、上海张江国家自主创新示范区、苏州工业园区。从具体得分可知，前 3 强都实现了年度发展，得分高于 2013 年。中关村的优势没有改变，得分继续遥遥领先于其他 9 强，且年度增长也快于上海张江国家自主创新示范区和苏州工业园区。

——8 大产业园区连续三年均进入百强榜综合排名前 10 强。2012、2013、2014 连续三年，北京中关村国家自主创新示范区、上海张江国家自主创新示范区、苏州工业园区、天津经济技术开发区、广州经济技术开发区、武汉东湖国家自主创新示范区、青岛经济技术开发区和昆山经济技术开发区均进入百强榜综合排名前 10 强。

——百强榜综合排名前 10 强园区连续三年平均得分都有所提高。2012 年，百强榜综合排名前 10 强园区平均得分为 0.434 1，2013 年为 0.506 8，2014 年为 0.524 6。

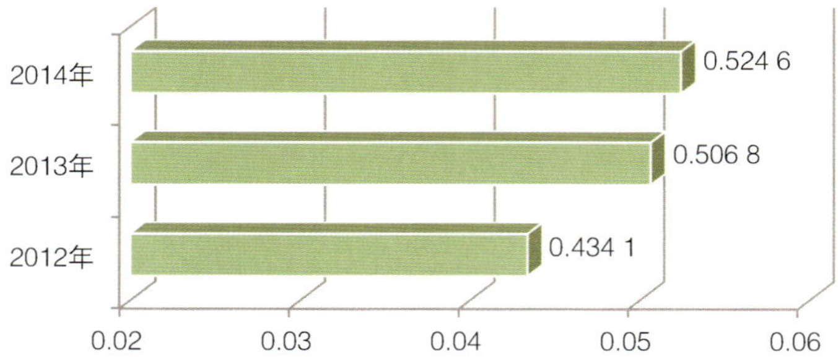

图 3－26　连续三年百强榜前 10 强平均得分

——百强榜综合排名前 10 强园区中，东部优势继续保持，中部进步明显，西部依然未上榜。2014 年与 2013 年的百强榜综合排名前 10 强园区的区域分布一致，东部仍然是 8 家园区，中部 2 家园区，西部没有上榜。从平均得分来看，连续三年均实现了年度增长，见图 3－27。

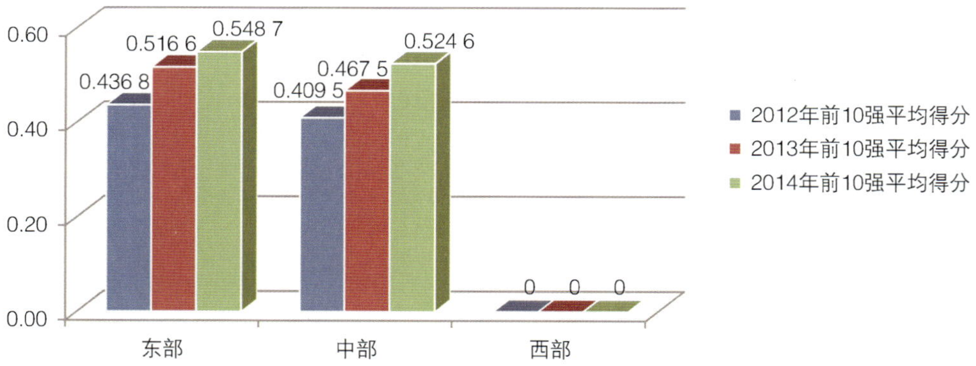

图 3－27　连续三年百强榜综合排名前 10 强园区平均得分

——百强榜继续出现向前位集中的趋势。2014 年，综合得分在均值以上的园区有 32 家，较 2013 年减少 5 家，较 2012 年减少 7 家，这说明百强榜前位集中的趋势继续,见图 3－28。从平均得分来看,均值以上产业园区的平均得分为 0.400 5,较 2012 年增加了 0.044 8;而均值以下产业园区的平均得分仅为 0.275 4,与 2012 年基本持平。

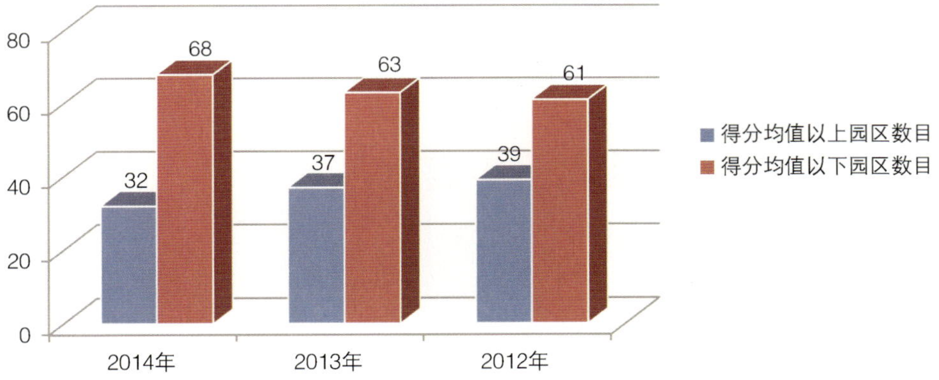

图 3－28　连续三年百强榜得分均值以上和以下园区数目比较

3.4.2　综合排名区域状况比较

——区域数目分布中,东部园区增多,中部园区没有发生重大变化,西部园区减少。3 年来,百强榜产业园区东部数量逐渐增多,从 2012 年 58 家到 2014 年 64 家;中部园区数目变化不大;西部园区逐渐减少,从 2012 年 18 家减少到 2014 年 14 家,具体见图 3－29。

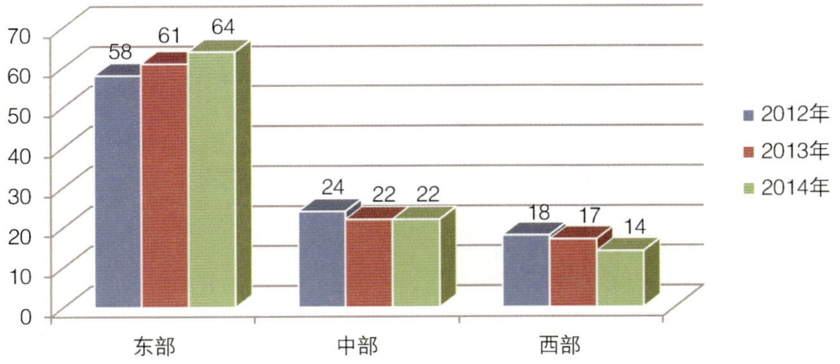

图 3－29　连续三年百强榜产业园区区域分布数量比较

——百强榜产业园区区域整体发展水平均有所下降,其中,中部园区下跌幅度最大。2014 年百强榜东、中、西部产业园区的平均得分分别为 0.313 8、0.302 9 和 0.282 7，与 2013 年相比较，分别下降 3.7%、6.4% 和 3.7%，其中中部产业园区下跌幅度最大，见图 3－30。

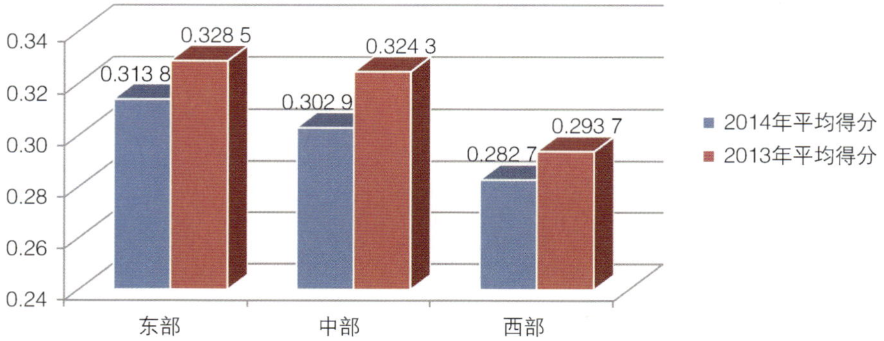

图 3－30　百强榜区域产业园区平均得分比较

——百强榜优质产业园区中，中部园区和西部园区数量保持相对稳定，东部园区数量下降。2014 年，总体得分均值以上的园区中，东部园区拥有 19 家，与 2012 年、2013 年相比较，均有所下降；中部和西部均值以上产业园区分别拥有 10 家和 3 家，保持相对稳定，见图 3－31。

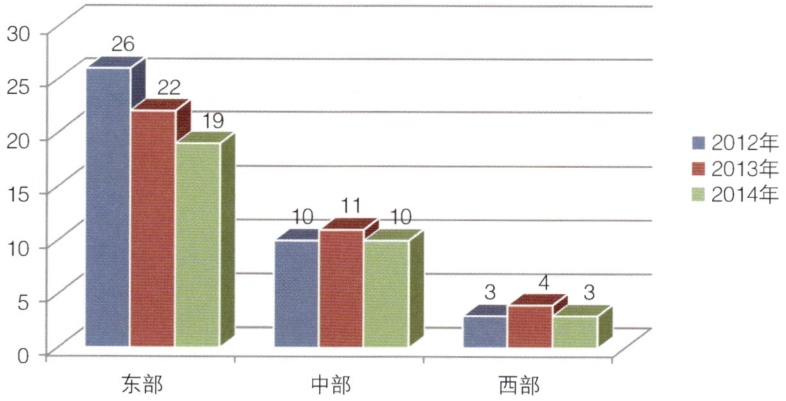

图 3－31　连续三年百强榜均值以上产业园区区域分布数量比较

——东部产业园区持续竞争力的差异依然较大。从变异系数来看，2014 年与 2012 年、2013 年情况类似，东部产业园区得分的变异系数仍然高于百强榜总体得分变异系数；中部产业园区和西部产业园区得分的变异系数仍然低于总体得分变异系数。

3.4.3　综合排名类别状况比较

——高新区与经开区的持续发展优势发生了逆转。从园区类别来看，2014 年和 2013 年百强榜两类园区的数目相同，都是 50 家；从平均得分来看，2013 年高新区平均得分为 0.32，略低于经开区平均得分。但是 2014 年，高新区的平均得分为 0.308 7，略高于经开区平均得分，实现了优势逆转。

——连续三年来，高质量的经开区数目仍大于高新区。2014 年，百强榜均值以上产业园区中，经开区拥有 18 家，高新区拥有 14 家。连续三年来，百强榜均值以上产业园区中，经开区的数目都多于高新区，见图 3－32。

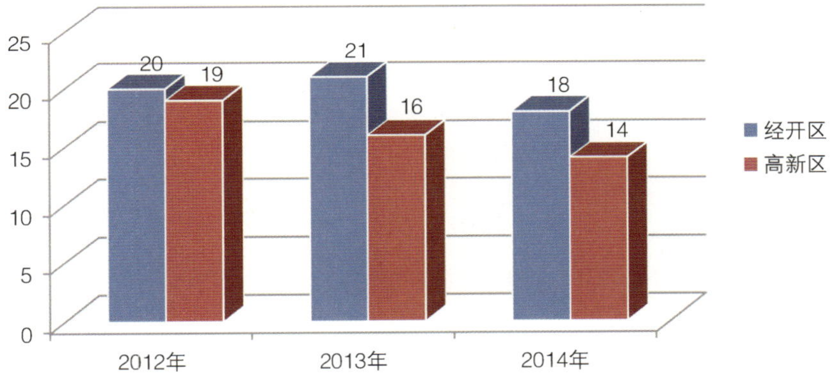

图 3－32　连续三年百强榜均值以上产业园区类别数量比较

——高新区发展的差异性仍然高于经开区。从变异系数来看，高新技术产业开发区得分的变异系数高于百强榜总体得分变异系数；经济技术开发区得分的变异系数低于百强榜总体得分变异系数，与 2012 年、2013 年保持一致。

3.4.4　经济发展指标排名比较

——2013 年前 20 强中，仍有 13 家保留在 2014 年的前 20 强中。这些园区分别是北京中关村国家自主创新示范区、天津经济技术开发区、上海张江国家自主创新示范区、苏州工业园区、广州经济技术开发区、昆山经济技术开发区、青岛经济技术开发区武汉经济技术开发区、武汉东湖国家自主创新示范区、西安高新技术产业开发区、烟台经济技术开发区、大连经济技术开发区、广州南沙经济技术开发区。其中,高新区 4 家,经开区 9 家;东部 10 家,中部 2 家,西部 1 家。

——新晋 20 强的园区大多为高新区。新晋园区共有 7 家,分别是长春高新技术产业开发区、成都高新技术产业开发区、深圳高新技术产业开发区、郑州高新技术产业开发区、天津滨海高新技术产业开发区、南京国家高新技术产业开发区、嘉兴经济技术开发区。其中,高新区 6 家,经开区 1 家。

——平均得分较 2013 年有大幅下降。2014 年的百强榜经济发展指标平均得分为 0.041 6,与 2013 年相比下降 23%,这表现为部分园区在经济发展方面出现了动力不足、增长放缓甚至衰退的现象。如沈阳经济技术开发区、杭州经济开发区的工业总产值同比下降 10%;珠海经济技术开发区、长春经济技术开发区的上缴税收同比下降 30%;南京经济技术开发区、成都经济技术开发区、上海金桥出口加工区的出口创汇同比下降约 50%。

3.4.5 创新发展指标排名比较

——2013 年的前 20 强园区绝大多数留在 2014 年排行榜。仅有 2 家园区离开 20 强,分别是桂林高新技术产业开发区、哈尔滨利民经济技术开发区。取而代之的是廊坊经济技术开发区、天津经济技术开发区。

——2014 年中西部园区数目在创新发展指标前 20 强有所下降。2014 年,中西部园区在创新发展指标前 20 强拥有 7 家,较 2013 年减少 2 家。其中,中部 5 家、西部 2 家,分别是武汉东湖国家自主创新示范区、南昌经济技术开发区、南宁高新技术产业开发区、芜湖经济技术开发区、长春高新技术产业开发区、合肥经济技术开发区、兰州经济技术开发区,说明中西部园区在创新发展方面与东区园区仍有较大差距。

——经开区在创新发展前 20 强数目高于高新区。2014 年,在创新发展前 20 强园区中,经开区拥有 12 家,高新区 8 家,经开区数量高于高新区,但是高新区主要位于前 20 强靠前部分。

——平均得分没有发生大的变化。2014 年的百强榜创新发展指标平均得分为 0.020 2，与 2013 年相比略有下降。

3.4.6　产业合作指标排名比较

——2013 年前 20 强园区中，有 17 家留在 2014 年前 20 强。分别是上海张江国家自主创新示范区、北京中关村国家自主创新示范区、深圳高新技术产业开发区、厦门火炬高技术产业开发区、漕河泾经济技术开发区、广州经济技术开发区、郑州经济技术开发区、武汉东湖国家自主创新示范区、长春经济技术开发区、太原高新技术产业开发区、长沙高新技术产业开发区、昆山经济技术开发区、青岛高新技术产业开发区、马鞍山经济技术开发区、烟台经济技术开发区、威海火炬高技术产业开发区、宁波高新技术产业开发区。其中，高新区 10 家，经开区 7 家；东部 11 家，中部 6 家。

——中西部园区前 20 强逐渐被东部园区替代。3 家离开 20 强的分别是福清融侨经济技术开发区、重庆经济技术开发区、惠州仲恺高新技术产业开发区。取而代之的是苏州工业园区、南通经济技术开发区和天津经济技术开发区。

——前 20 强中的高新区与经开区比重基本持平。2013 年有 11 家高新区、9 家经开区；2014 年有 10 家高新区、10 家经开区。说明经开区和高新区都开始意识到产业合作的重要性，有目的地加大了合作力度。

——平均得分较 2013 年有大幅下降。2014 年的百强榜产业合作指标平均得分为 0.070 4，与 2013 年相比下降 32%，这表现为部分园区的产业集聚程度以及园区内外部合作程度有所下降。

3.4.7　公共服务指标排名比较

——2013 年前 20 强园区中绝大部分都留在 2014 年排行榜。这些园区共 16 家，分别是北京中关村国家自主创新示范区、合肥高新技术产业开发区、成都高新技术产业开发区、深圳高新技术产业开发区、广州经济技术开发区、上海张江国家自主创新示范园区、广州南沙经济技术开发区、北京经济技术开发区、天津经济技术开发区、漕河泾经济技术开发区、宁波经济技术开发区、中山火炬高技术产业开发区、珠海高新技术产业开发区、哈尔滨经济技术开发区、兰州经济技术开发区、萧山经济技术开发区。其中，高新区 7 家，经开区 9 家；东部 12 家，中部 2 家，西部 2 家。

——东部园区公共服务的优势依然存在。公共服务指标前 20 强园区中，东部园区有 14 家，与 2013 年持平。

——高新区的公共服务排名稍落后于经开区。高新区在前 20 强的席位 2014 年仍是 9 家，少于经开区的席位。，但从排名位置上看，高新区的排名进一步靠前，前 5 强的席位有 4 家为高新区。

——平均得分较 2013 年有所上升。2014 年的百强榜公共服务指标平均得分为 0.070 2，与 2013 年比较上升 8.3%，这表现为部分园区服务的广度和内涵都有所提高。

3.4.8 社会发展指标排名比较

——2013 年前 20 强中有 16 家留在 2014 年排行榜。分别是苏州工业园区、上海张江国家自主创新示范区、中关村国家自主创新示范区、天津经济技术开发区、青岛经济技术开发区、大连经济技术开发区、昆山经济技术开发区、烟台经济技术开发区、北京经济技术开发区、漕河泾经济技术开发区、沈阳经济技术开发区、广州经济技术开发区、西安高新技术产业开发区、合肥高新技术产业开发区、南京经济技术开发区、苏州国家高新技术产业开发区。其中，高新区 5 家，经开区 11 家；东部 14 家，中部 1 家，西部 1 家。

——社会发展指标的区域分布保持不变。离开 20 强的 4 家园区分别是常州国家高新技术产业开发区、青岛高新技术产业开发区、廊坊经济技术开发区、成都高新技术产业开发区。取而代之的是武汉经济技术开发区、武汉东湖国家自主创新示范区、徐州经济技术开发区、宁波经济技术开发区。

——经开区在社会发展方面好于高新区。2014 年，高新区和经开区在社会发展指标前 20 强里各自保持了 6 家和 14 家席位。与 2013 年相比，高新区减少了 2 家,经开区增加了 2 家。

——平均得分较 2013 年有大幅上升。2014 年的百强榜公共服务指标平均得分为 0.103 7,与 2013 年相比上升了 66%,这表现为产业园区的发展整体上都非常注重发展方式和外部声誉。

第4章

中国产业园区持续发展区域排名分析

本章依据 2014 年国家级产业园区持续发展竞争力综合排名百强榜，主要针对东、中、西部不同区域的产业园区进行深入的比较分析。首先对综合排名情况进行分析，进而从经济发展、创新发展、产业合作、公共服务、社会发展五个方面细化分析。百强国家级产业园区涉及 27 个省份，其中东部园区分布在北京、上海、天津、山东、江苏、广东、辽宁、河北、浙江、福建等 10 个省市，中部园区分布在安徽、吉林、河南、湖南、湖北、黑龙江、江西、山西等 8 个省份，西部园区分布在四川、陕西、广西、贵州、重庆、新疆、云南、甘肃、青海等 9 个省市。

4.1　东部地区产业园区持续发展竞争力排名分析

4.1.1　东部产业园区综合排名情况分析

——东部产业园区共有 64 家上榜，依旧占有绝对性优势。根据表 4 - 1，东部地区排名前 5 名的园区与百强榜排名次序一致，另外，综合排名前 10 强园区中，有 8 家来自东部，且均来自直辖市和经济强省。北京中关村国家自主创新示范区遥遥领先，上海张江国家自主创新示范区和苏州工业园区紧随其后。东部前 3 强综合得分在所有前 10 强得分中占 42.92%，占比近一半。

表 4 - 1　2014 年东部地区国家级产业园区持续发展竞争力排名

排名	园区名称	省市	综合得分	百强榜排名
1	北京中关村国家自主创新示范区	北京	0.996 9	1
2	上海张江国家自主创新示范区	上海	0.685 0	2
3	苏州工业园区	江苏	0.534 4	3
4	天津经济技术开发区	天津	0.489 8	4

续表

排名	园区名称	省市	综合得分	百强榜排名
5	广州经济技术开发区	广东	0.460 9	5
6	青岛经济技术开发区	山东	0.428 2	7
7	深圳高新技术产业开发区	广东	0.397 8	9
8	昆山经济技术开发区	江苏	0.396 8	10
9	大连经济技术开发区	辽宁	0.392 9	11
10	漕河泾经济技术开发区	上海	0.381 1	12

——东部地区产业园区综合排名中，经济技术开发区数量上较多，高新技术产业开发区平均得分更高。东部综合排名前 10 强中，经济技术开发区有 7 家，总得分 3.084 1，均值为 0.440 6；高新技术产业开发区有 3 家，总得分 2.079 7，均值为 0.693 2，可见东部前 10 强园区中，虽然经济技术开发区的数量远超高新技术产业开发区，但高新技术产业开发区的均值比经济技术开发区高出0.133 8，见图 4－1 和图 4－2。

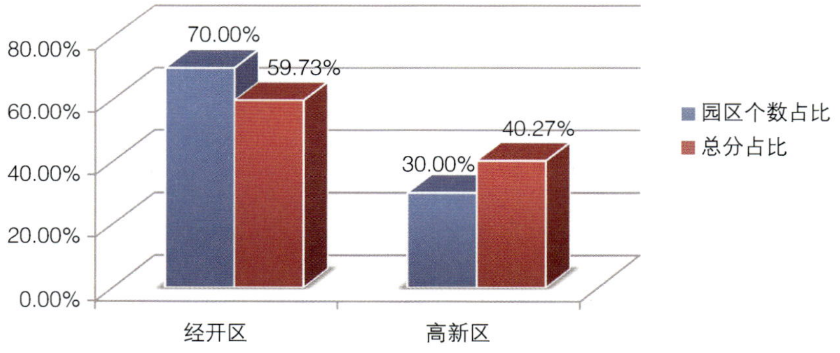

图 4－1　东部产业园区前 10 强对比

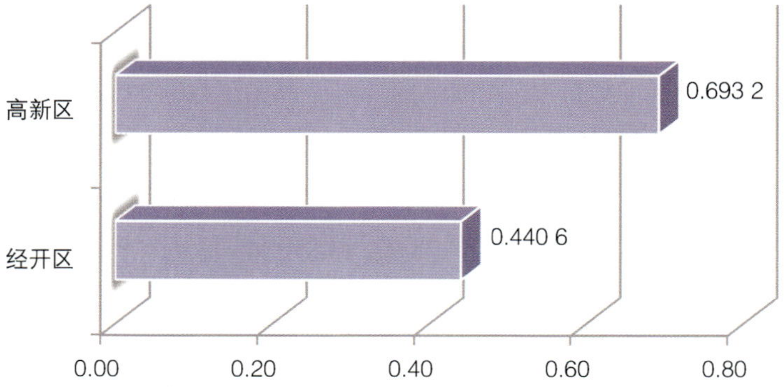

图 4－2　东部产业园区前 10 强均值对比

4.1.2　东部产业园区经济发展排名状况分析

——中关村国家自主创新示范区继续领跑，天津经济技术开发区和上海张江国家自主创新示范区分列第 2、3 名。北京中关村国家自主创新示范区以 0.203 3继续牢牢占据榜首位置，并是唯一一家得分在 0.2 以上的园区。其无论在工业总产值还是税收收入等关键性经济考核指标上均具有绝对优势。天津经济技术开发区和上海张江国家自主创新示范区持续上年的态势，分别以 0.146 4 和0.132 1占据榜单前 3 位。

——东部产业园区经济发展指标排行榜整体呈金字塔状分布，排名靠后园区平均得分相对均匀。如表 4-2 所示，仅北京中关村国家自主创新示范园区一家以高达 0.203 3 稳居第一阵容；第二阵容由天津经济技术开发区和上海张江国家自主创新示范区园组成，两家园区得分相近，得分均在 0.13 以上；从苏州工业园开始到第 10 名的深圳高新技术产业开发区共 7 家园区组成了第三阵容，几家园区得分接近，平均得分 0.087 9，没有拉开较大差距，如得分在 0.1 的园区就有 3 家。

表 4-2　东部地区国家级产业园区经济发展排名

排名	园区名称	省份	指标得分
1	北京中关村国家自主创新示范区	北京	0.203 3
2	天津经济技术开发区	天津	0.146 3
3	上海张江国家自主创新示范区	上海	0.132 1
4	苏州工业园区	江苏	0.109 4
5	广州经济技术开发区	广东	0.105 0
6	昆山经济技术开发区	江苏	0.100 5
7	青岛经济技术开发区	山东	0.087 0
8	烟台经济技术开发区	山东	0.076 5
9	大连经济技术开发区	辽宁	0.072 0
10	深圳高新技术产业开发区	广东	0.064 6

——东部产业园区经济发展指标排名中，经济技术开发区在数量上较多，而高新技术产业开发区平均得分更高。由图 4-3 和图 4-4 可知，东部地区创新发

展指标前 10 强园区中，高新技术产业开发区有 4 家，总得分 0.596 1，平均得分 0.149 0；经济技术开发区有 6 家，总得分 0.500 5，平均得分 0.083 4。

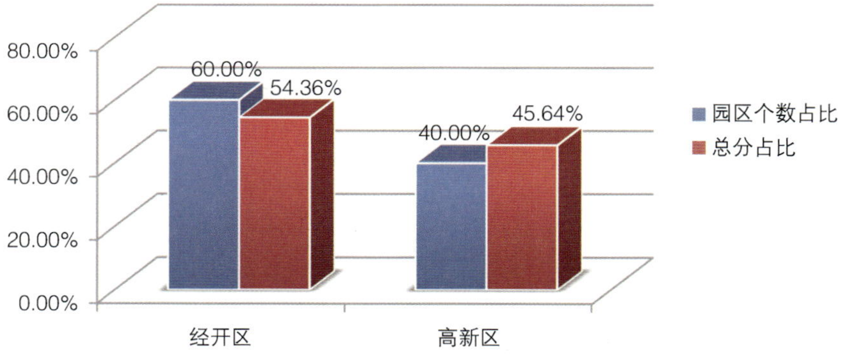

图 4-3　东部产业园区经济发展前 10 强对比

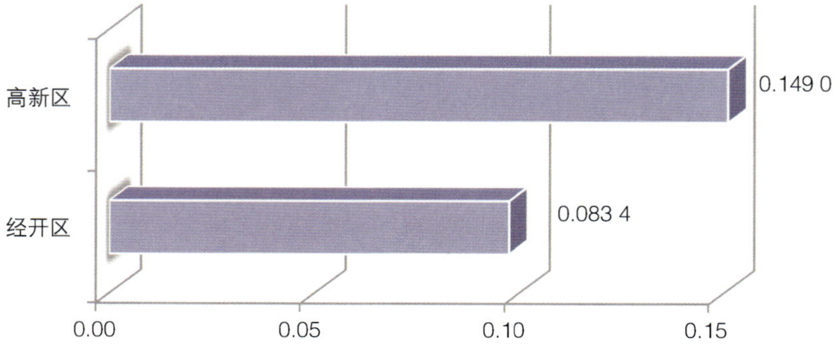

图 4-4　东部产业园区经济发展前 10 强均值对比

4.1.3　东部产业园区创新发展排名状况分析

——东部产业园区创新发展指标排名中，北京中关村国家自主创新示范区稳居榜首，上海国家自主创新示范区、苏州工业园居第 2、3 名，三者具有明显得分优势。在创新发展指标上，北京中关村国家自主创新示范区具有绝对的优势，以0.297 1遥遥领先其他园区，在大专院校和专利数上均为第 1 名，国家级工程技术研究中心指标也仅次于上海张江。上海张江国家自主创新示范区依靠上海优越的地理位置、发达的创业环境等均有不俗的表现。

——东部产业园区创新发展指标榜单中前 10 强园区大致可以分为三个梯

队。北京中关村国家自主创新示范以绝对优势独占第一梯队，上海张江国家自主创新示范和苏州工业园以相近得分处于第二梯队，第 4 名到第 10 名共 7 家园区组成第三梯队。前 3 名得分相对较高，并处于较为稳定的状态。而从青岛经济技术开发区(0.051 0)开始到广州经济技术开发区(0.038 3)，得分则比较接近，呈连续排列状态。

表 4-3　东部地区国家级产业园区创新发展排名

排名	园区名称	省市	指标得分
1	北京中关村国家自主创新示范区	北京	0.297 1
2	上海张江国家自主创新示范区	上海	0.128 9
3	苏州工业园区	江苏	0.096 4
4	青岛经济技术开发区	山东	0.051 0
5	大连经济技术开发区	辽宁	0.044 1
6	杭州高新技术产业开发区	浙江	0.043 2
7	沈阳高新技术产业开发区	辽宁	0.040 0
8	漕河泾经济技术开发区	上海	0.039 1
9	南京经济技术开发区	江苏	0.038 3
10	广州经济技术开发区	广东	0.038 3

——东部产业园区创新发展指标排名中，经济技术开发区在数量上较多，而高新技术产业开发区平均得分更高。由图 4-5 和图 4-6 可知，东部地区创新发展指标前 10 强园区中，高新技术产业开发区有 4 家，总得分 0.509 2，平均得分 0.127 3；经济技术开发区有 6 家，总得分 0.307 1，平均得分 0.051 2。

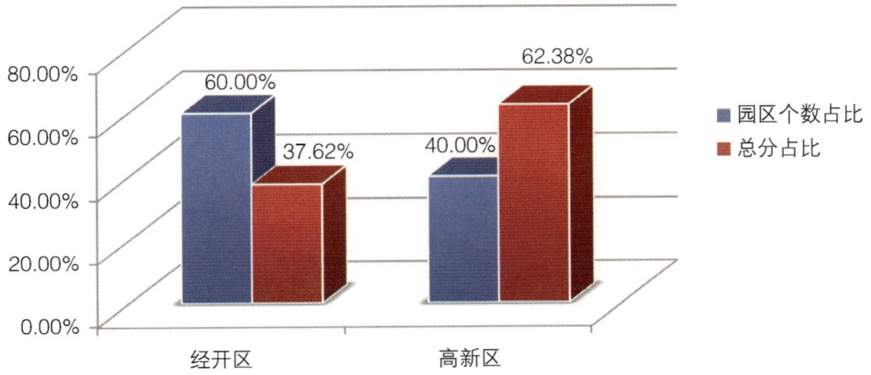

图 4-5　东部产业园区创新发展指标前 10 强均值对比

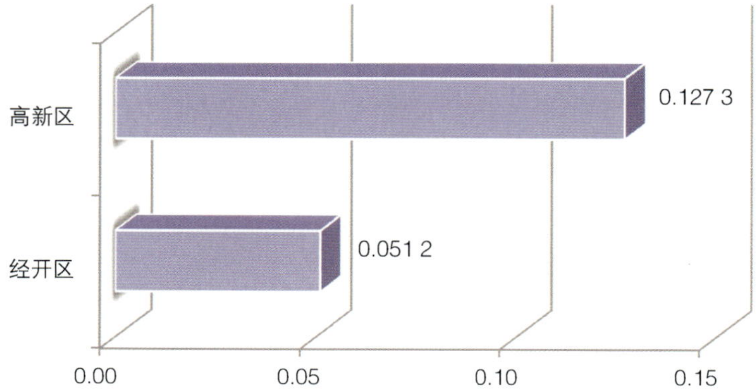

图 4－6　东部产业园区创新发展指标前 10 强对比

4.1.4　东部产业园区产业合作排名状况分析

——上海张江国家自主创新示范区 2014 年表现突出，以微弱优势替代了中关村国家自主创新示范区。在表 4－4 产业合作前 10 强榜中，上海张江国家自主创新示范区凭借在上市公司数以及产业龙头数上的微弱优势，以总分 0. 163 0 取代了中关村国家自主创新示范区榜首的位置。

表 4－4　东部地区国家级产业园区产业合作排名

排名	园区名称	省市	指标得分
1	上海张江国家自主创新示范区	上海	0. 163 0
2	北京中关村国家级自主创新示范区	北京	0. 160 7
3	深圳高新技术产业开发区	广东	0. 102 1
4	厦门火炬高新技术产业开发区	福建	0. 092 8
5	漕河泾经济技术开发区	上海	0. 088 6
6	广州经济技术开发区	广东	0. 088 4
7	昆山经济技术开发区	江苏	0. 085 3
8	青岛高新技术产业开发区	山东	0. 084 4
9	烟台经济技术开发区	山东	0. 083 3
10	苏州工业园	江苏	0. 082 3

——东部产业园区产业合作指标排行榜中，上海张江国家自主创新示范区和北京中关村国家自主创新示范区优势突出，占据第一梯队，深圳高新技术产业

开发区、厦门火炬高新技术产业开发区等依此分列 3 至 10 名，处于第二大梯队。从表 4－4 可以看出，上海张江国家自主创新示范区和北京中关村国家自主创新示范区达到 0.15 以上得分，遥遥领先其他 8 家园区，稳居第一梯队。其他园区得分均在 0.08～0.10 区间徘徊，彼此差距并不明显，基本呈连续状态排列。

——东部产业合作指标排名中，高新技术产业开发区在数量和平均得分上均高于经济技术开发区。如图 4－7 和图 4－8 所示，东部地区产业合作排名指标前 10 强园区中，高新技术产业开发区有 6 家，总得分 0.686 1，平均得分 0.114 4；经济技术开发区有 4 家，总得分 0.344 8，平均得分 0.086 2。

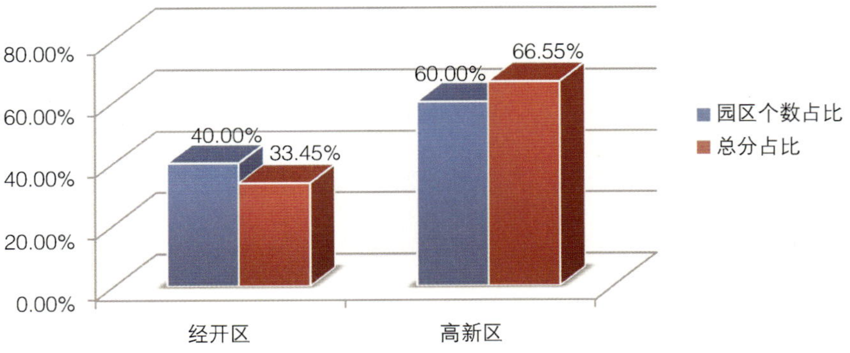

图 4－7　东部产业园区合作指标前 10 强对比

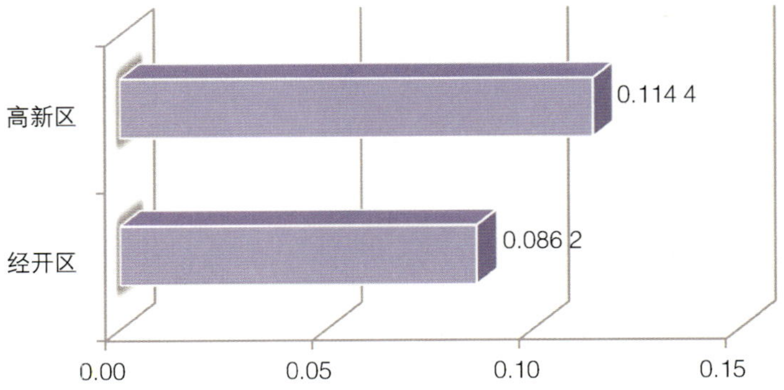

图 4－8　东部产业园区合作指前 10 强均值对比

4.1.5　东部产业园区公共服务排名状况分析

——北京中关村国家自主创新示范区表现突出，遥遥领先其他园区。由表

4－5可知，中关村国家自主创新示范区在公共服务指标中也较其他园区突出，无论在区位优势、园区结构与网页信息情况还是园区检测和认证中心均名列前茅。深圳高新技术产业开发区则凭借区位优势条件紧随其后。上海张江国家自主创新示范区虽然较 2013 年上升 2 名，位居第四，但综合得分仅为中关村一半，其在园区认证和检测中心指标中表现并不突出。

——东部产业园区公共服务指标前 10 强园区整体呈“橄榄形”分布。由表 4－5可知，北京中关村国家自主创新示范区以最高分 0.185 5 处于一端，从第 2 名到第 6 名共 5 家园区处于中间，漕河泾经济技术开发区、宁波经济技术开发区和中山火炬高新技术产业开发区则位于另一端。中关村凭借北京极佳的区位优势条件、自身对园区结构和网页信息的科学规划和维护以及国内领先的园区检测和认证中心，以 0.185 5 的高分独占鳌头，其后的 5 家园区在 0.09～0.1 区间排列，并且差异不明显，天津经济技术开发区、漕河泾经济技术开发区等也不甘落后，紧随其后，得分接近 0.09。

表 4－5　东部地区国家级产业园区公共服务排名

排名	园区名称	省市	指标得分
1	北京中关村国家自主创新示范区	北京	0.185 5
2	深圳高新技术产业开发区	广东	0.098 8
3	广州经济技术开发区	广东	0.097 3
4	上海张江国家自主创新示范区	上海	0.096 8
5	广州南沙经济技术开发区	广东	0.095 2
6	北京经济技术开发区	北京	0.090 5
7	天津经济技术开发区	天津	0.089 6
8	漕河泾经济技术开发区	上海	0.089 3
9	宁波经济技术开发区	浙江	0.089 1
10	中山火炬高新技术产业开发区	广东	0.088 0

——东部园区公共服务指标排名中，经济技术开发区在数量上较多，高新技术产业开发区平均得分更高。东部地区公共服务排名前 10 强园区中，高新技术产业开发区有 4 家，总得分 0.469 1，平均得分 0.117 3；经济技术开发区有 6 家，

总得分 0.640 7,平均得分 0.106 8。见图 4-9 和图 4-10。

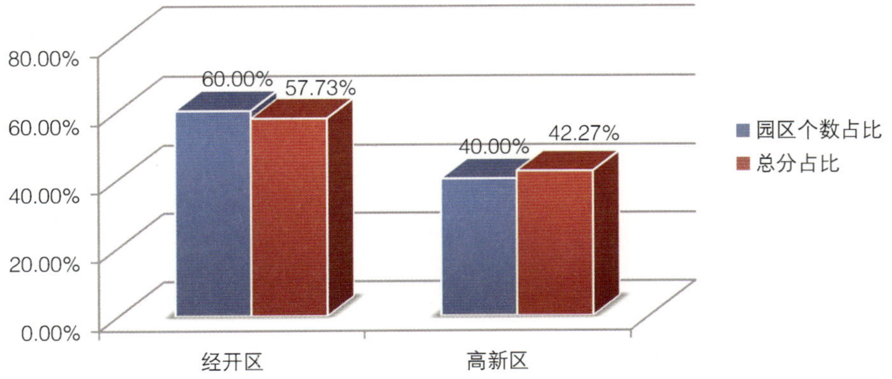

图 4-9　东部产业园区公共服务指标前 10 强对比

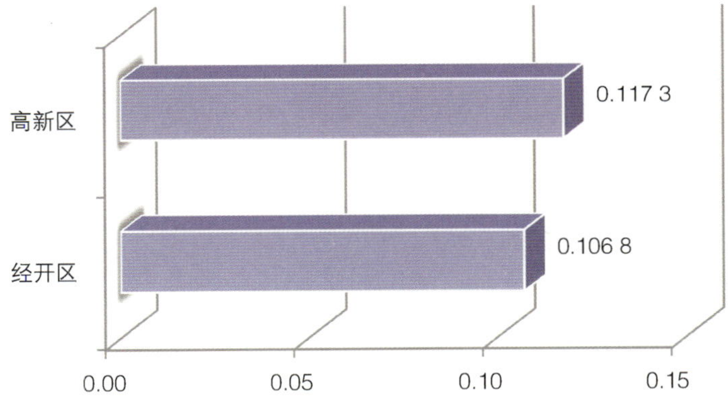

图 4-10　东部产业园区公共服务指标前 10 强均值对比

4.1.6　东部产业园区社会发展排名状况分析

——东部产业园区社会发展指标排名中,前 3 名被综合排行榜三甲包揽,但排名顺序略有不同。苏州工业园凭借各项考核指标的优秀表现,以 0.166 6 获得指标第 1 名。上海张江国家自主创新示范园区也有不错的表现,仅以 0.164 2 稍稍落后。北京中关村国家自主创新示范区是前 3 名中唯一没有达到 0.16 的园区,以 0.150 2 位列指标第 3 名。

——东部产业园区社会发展指标排名前 3 名占据金字塔顶部,天津经济技术开发区和青岛经济技术开发区处于金字塔中间,后 5 家园区则共居金字塔底部。纵观表 4－6，苏州工业园、上海张江国家自主创新示范区和北京中关村国家自主创新示范区均进入“0. 15 分俱乐部”，属于第一阵营。天津经济技术开发区和青岛经济技术开发区紧随其后，以 0. 14 分以上的成绩位于第二阵营。其他 5 家园区社会发展指标得分在 0. 13～0. 14 区间，位于第三阵营，并有迎头赶超第二阵营的趋势。

表 4－6　东部地区国家级产业园区社会发展排名

排名	园区名称	省市	指标得分
1	苏州工业园区	江苏	0. 166 6
2	上海张江国家自主创新示范区	上海	0. 164 2
3	北京中关村国家自主创新示范区	北京	0. 150 2
4	天津经济技术开发区	天津	0. 143 3
5	青岛经济技术开发区	山东	0. 140 8
6	大连经济技术开发区	辽宁	0. 135 2
7	昆山经济技术开发区	江苏	0. 134 7
8	烟台经济技术开发区	山东	0. 134 6
9	北京经济技术开发区	北京	0. 134 5
10	漕河泾经济技术开发区	上海	0. 133 8

——东部产业园区社会发展指标排名中，经济技术开发区在数量上较多，高新技术产业开发区平均得分更高。东部地区社会发展排名前 10 强的园区中，高新技术产业开发区有 2 家，总得分为 0. 314 5，平均得分为 0. 157 2；经济技术开发区有 8 家，总得分为 1. 123 6，平均得分为 0. 140 5。见图 4－11 和图 4－12。

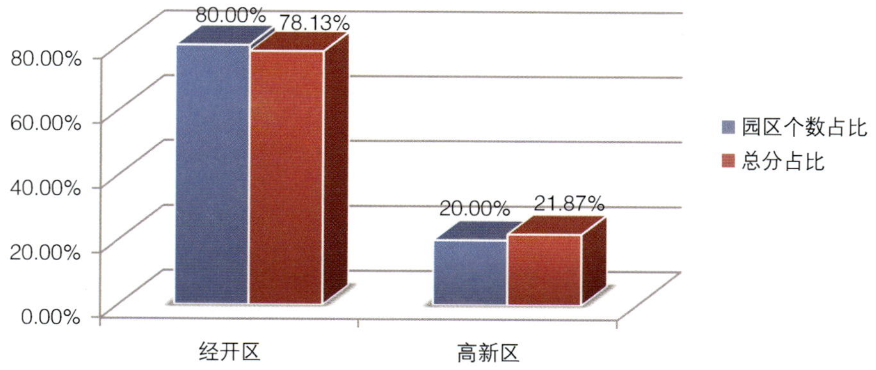

图 4－11　东部产业园区社会发展前 10 强指标均值对比

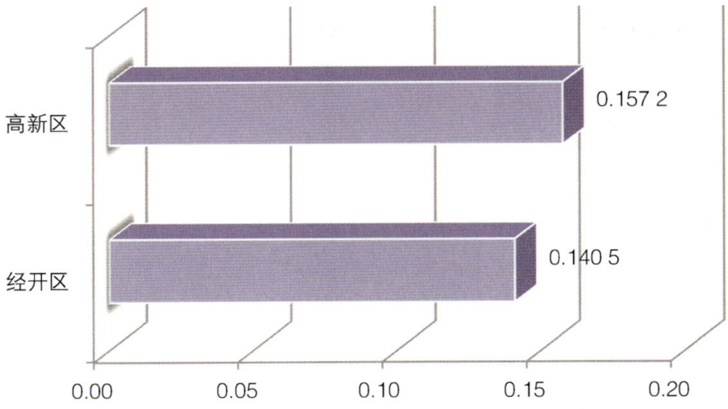

图 4-12　东部产业园区社会发展前 10 强指标对比

4.2　中部地区产业园区持续发展竞争力排名分析

4.2.1　中部产业园区综合排名情况分析

——中部产业园区依然保持稳定发展。中部地区共有 22 家产业园区跻身百强榜，其中有 2 家园区跻身前 10，占据了除东部产业园区以外的席位。综合得分上，东部前 10 强中除武汉东湖和长春高新技术产业开发区超过 0.4 分，其他均在 0.3 至 0.4，平均得分 0.354 2，与东部前 10 强 0.516 4 的平均分相比存在一定距离，但是总体发展水平稳定，得分均在 0.3 以上，并且在百强榜中也有比较不错的排名。

表 4-7　2014 年中部地区国家级产业园区持续发展竞争力排名

排名	园区名称	省市	综合得分	百强榜排名
1	武汉东湖国家自主创新示范区	湖北	0.448 4	6
2	长春高新技术产业开发区	吉林	0.407 8	8
3	合肥高新技术产业开发区	安徽	0.366 6	13
4	武汉经济技术开发区	湖北	0.366 4	14
5	合肥经济技术开发区	安徽	0.344 1	19
6	长春经济技术开发区	吉林	0.336 5	21

续表

排名	园区名称	省份	综合得分	百强榜排名
7	郑州高新技术产业开发区	河南	0.336 4	22
8	南昌经济技术开发区	江西	0.321 4	28
9	郑州经济技术开发区	河南	0.307 3	31
10	芜湖经济技术开发区	安徽	0.306 7	32

——中部产业园区持续发展指标排名中，经济技术开发区在数量上较多，而高新技术产业开发区平均得分更高。高新技术产业开发区有 4 家，总得分1.559 1，均值为 0.389 8；经济技术开发区有 6 家，总得分 1.982 4，均值为 0.330 4，具体数据见图 4 - 13 和图 4 - 14。

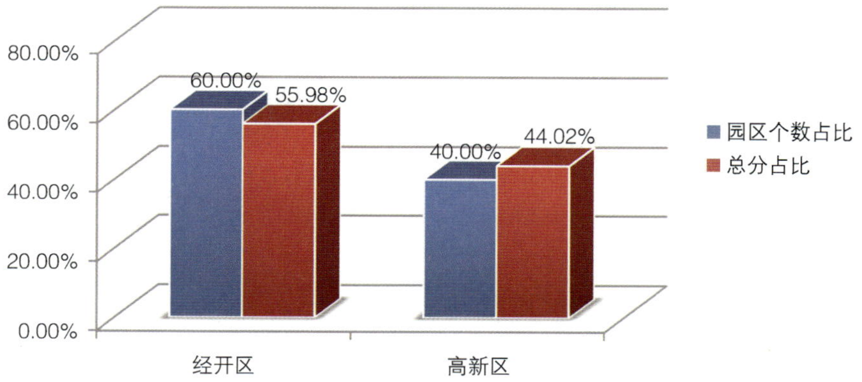

图 4 - 13　中部产业园区前 10 强对比

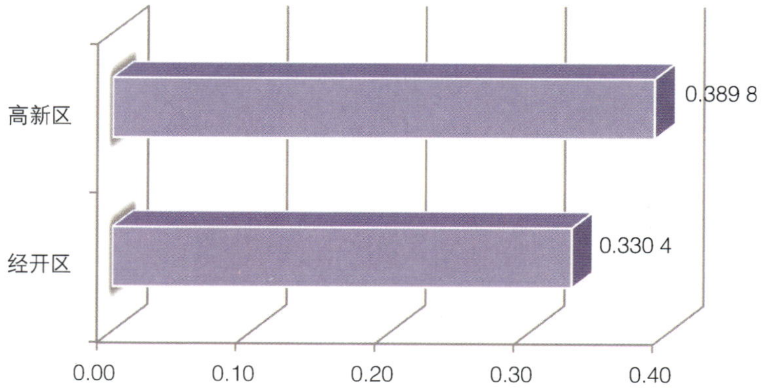

图 4 - 14　中部产业园区前 10 强均值对比

4.2.2　中部产业园区经济发展排名状况分析

——长春高新技术产业开发区经济发展表现优异，以唯一超过 0.1 分的综合得分首次斩获榜首，武汉市两家国家级园区仍然处于前 3。虽然武汉经济技术开发区和武汉东湖国家自主创新示范区依然在前 3 名之列，但是排名稍有变动：长春高新经济技术开发区凭借较高的税收收入以及在出口创汇增长率上的突出成绩以 0.121 8 的高分跃升中部经济发展指标榜首，武汉经济技术开发区和武汉东湖高新技术产业开发区则因此各自后延 1 位，分别以 0.086 7、0.083 9 分列第 2、3 名。

——中部产业园区经济发展指标前 10 强中，前 3 名园区与后 7 名园区差异较明显，后者基本呈连续排布。排名前 3 园区得分均在 0.08 分以上，园均得分 0.097 5，较后者的平均分 0.045 3 高出一倍，可见差异之大。另外，自第 4 名郑州高新技术产业开发区(0.064 4)至第 10 名的长沙经济技术开发区(0.033 3)，分差仅为 0.031 1，差距较小，且越往后得分越接近，近似均匀分布。

表 4-8　中部地区国家级产业园区经济发展排名

排名	园区名称	省市	指标得分
1	长春高新技术产业开发区	吉林	0.121 8
2	武汉经济技术开发区	湖北	0.086 7
3	武汉东湖国家自主创新示范区	湖北	0.083 9
4	郑州高新技术产业开发区	河南	0.064 4
5	合肥经济技术开发区	安徽	0.052 3
6	哈尔滨经济技术开发区	黑龙江	0.048 3
7	长春经济技术开发区	吉林	0.041 8
8	合肥高新技术产业开发区	安徽	0.039 3
9	芜湖经济技术开发区	安徽	0.037 7
10	长沙经济技术开发区	湖南	0.033 3

——中部产业园区经济发展指标排名中，经济技术开发区数量较多，高新技术产业开发区平均得分更高。从图 4-15 和图 4-16 可以看出，中部地区经济发

展排名前 10 强园区中，高新技术产业开发区有 4 家，总得分 0.309 4，平均得分 0.077 3；经济技术开发区则有 6 家，总分稍稍落后为 0.300 2，平均得分 0.05。

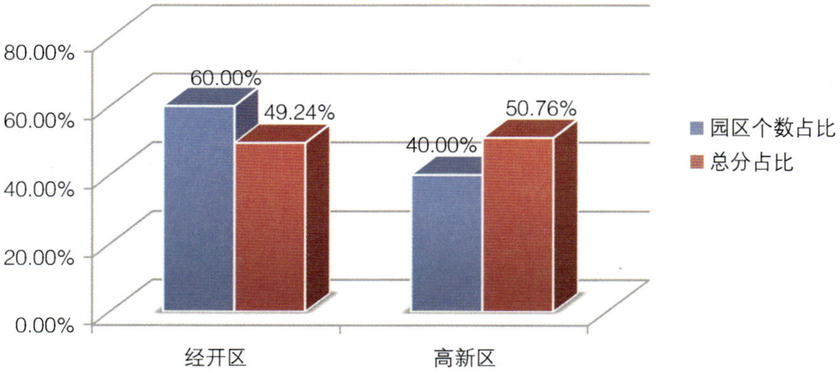

图 4 - 15　中部产业园区经济发展指标前 10 强对比

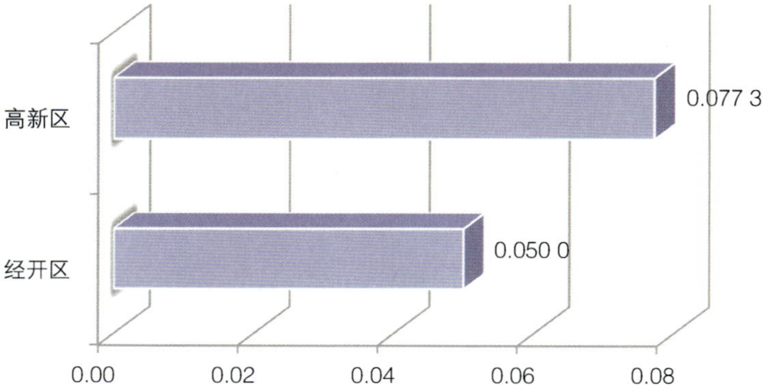

图 4 - 16　中部产业园区经济发展指标前 10 强均值对比

4.2.3　中部产业园区创新发展排名状况分析

——武汉东湖国家自主创新示范区牢牢占据榜首，并且优势较明显。由表 4 - 9可见，武汉东湖国家自主创新示范区凭借园区内较多的大专以上院校和大量的专利授权数，以 0.081 0 得分占得榜首，南昌经济技术开发区、合肥经济技术开发区以 0.067 7 和 0.046 3 分列 2、3 名，与第 1 名得分还有较大差距，武汉东湖国家自主创新示范区的得分是合肥经济技术开发区的近两倍。

——中部创新发展指标前 10 强园区无明显队列区分，基本呈等差数列排列，但越往后分数差距相对越小。上榜的 10 家园区近似等差排列，相邻园区均有一定得分差异，但总体而言，除前 3 名园区得分差距较大外，往后的园区差异并不明显。

表 4-9　中部地区国家级产业园区创新发展排名

排名	园区名称	省市	指标得分
1	武汉东湖国家自主创新示范区	湖北	0.081 0
2	南昌经济技术开发区	江西	0.067 7
3	合肥经济技术开发区	安徽	0.046 3
4	长春高新技术产业开发区	吉林	0.037 4
5	芜湖经济技术开发区	安徽	0.035 6
6	合肥高新经济技术开发区	安徽	0.022 6
7	长沙经济技术开发区	湖南	0.021 5
8	郑州高新技术产业开发区	河南	0.019 7
9	吉林高新技术产业开发区	吉林	0.018 5
10	武汉经济技术开发区	湖北	0.017 2

——中部产业园区创新发展指标排名中，经济技术开发区在数量上与高新技术产业开发区相当，前者平均得分更高。中部地区创新发展排名前 10 强园区中，高新技术产业开发区有 5 家，总得分 0.179 2，平均得分 0.035 8；经济技术开发区同样占 5 家，但是总得分稍稍领先为 0.188 4，平均得分 0.037 7。见图 4-17 和图 4-18。

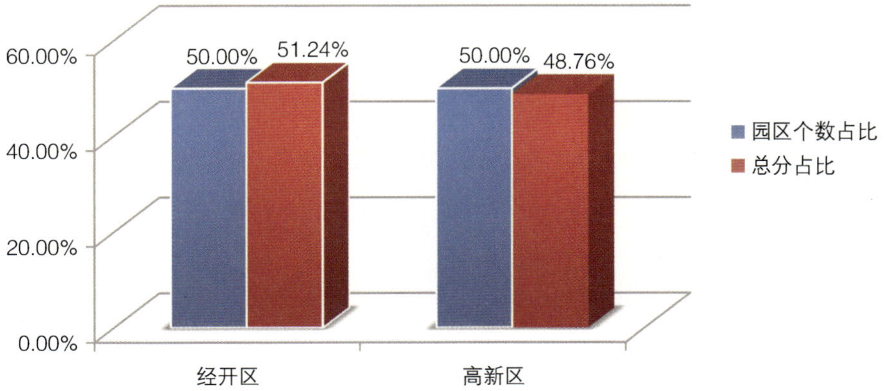

图 4-17　中部产业园区创新发展指标前 10 强对比

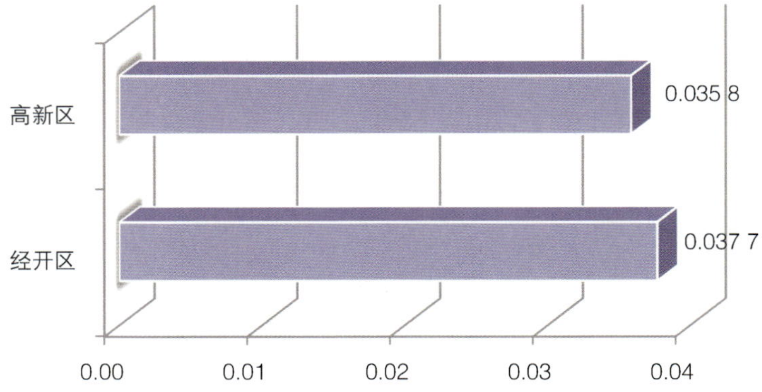

图 4 - 18　中部产业园区创新发展指标前 10 强均值对比

4.2.4　中部产业园区产业合作排名状况分析

——郑州经济技术开发区在产业合作分项指标中表现突出，以微弱优势领跑榜单，武汉东湖国家自主创新示范区、长春经济技术开发区紧随其后。郑州经济技术产业开发区在该指标中发力，依靠合作强度和公共服务强度中的满分表现，以及较多的上市公司数和产业龙头数稳稳占据中部地区产业合作排名榜首。武汉东湖国家自主创新示范区的发展依然强势，凭借各指标的综合优秀表现排名第 2，长春经济技术开发区也仅落后 0.000 5 分在前 3 强中获得一席。

——产业合作指标前 10 强园区彼此之间差异不大，上榜园区得分普遍呈连续排列。中部地区上榜园区在 4 项三级指标评定中处于相近相似的状态，并不像东部地区出现较大差异，因此综合得分差异较小。由表 4 - 10 可知，排名前六的园区得分均在 0.08 上下，后 4 家园区也在 0.07 分徘徊，园区之间彼此差异如此之小，彼此间的排名较为微妙，得分稍有变动都会引起较大的排名变化。

表 4 - 10　中部地区国家级产业园区产业合作排名

排名	园区名称	省市	指标得分
1	郑州经济技术开发区	河南	0.087 3
2	武汉东湖国家自主创新示范区	湖北	0.087 2
3	长春经济技术开发区	吉林	0.086 7
4	太原高新技术产业开发区	山西	0.085 4

续表

排名	园区名称	省市	指标得分
5	长沙高新技术产业开发区	湖南	0.085 3
6	马鞍山经济技术开发区	安徽	0.084 0
7	长沙经济技术开发区	湖南	0.077 0
8	郑州高新技术产业开发区	河南	0.076 7
9	哈尔滨高新技术产业开发区	黑龙江	0.076 1
10	吉林高新技术产业开发区	吉林	0.076 0

——中部产业园区产业合作指标排名中，高新技术产业开发区在数量上较多，而经济技术开发区平均得分更高。中部地区产业合作排名前 10 强园区中，高新技术产业开发区有 6 家，总得分 0.486 6，平均得分 0.081 1；经济技术开发区有 4 家，总得分 0.335 1，平均得分 0.083 8。见图 4－19 和图 4－20。

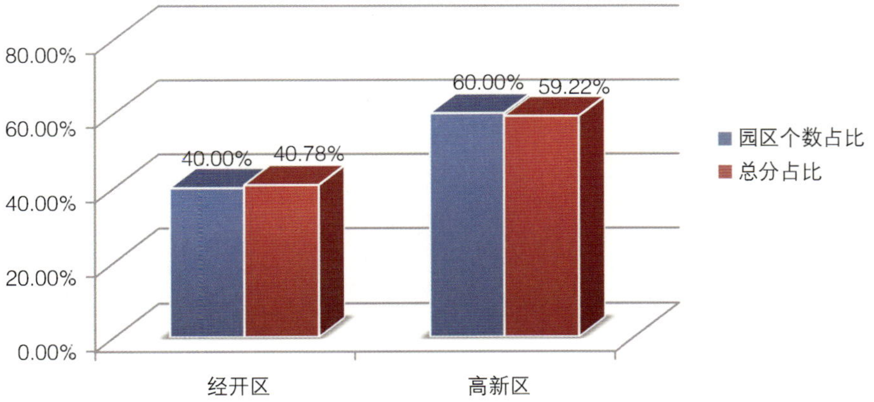

图 4－19　中部产业园区合作指标前 10 强对比

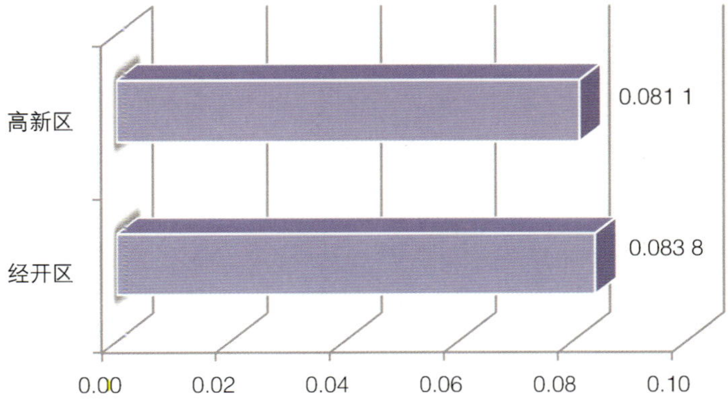

图 4－20　中部产业园区合作指标前 10 强均值对比

4.2.5 中部产业园区公共服务排名状况分析

——合肥高新技术产业开发区以绝对优势占据榜单第 1 名，第 2、3、4 名得分相近。由表 4－11 可知，合肥高新技术产业开发区以高达 0.117 1 的总得分荣登中部地区榜首位置，同时也是所有上榜园区中唯一一家得分超过 0.1 的园区。哈尔滨经济技术开发区、长春经济技术开发区和襄阳高新技术产业开发区均凭借各项指标中的稳定表现，综合得分均超过 0.08。

表 4－11　中部地区国家级产业园区公共服务排名

排名	园区名称	省市	指标得分
1	合肥高新技术产业开发区	安徽	0.117 1
2	哈尔滨经济技术开发区	黑龙江	0.086 4
3	长春经济技术开发区	吉林	0.080 2
4	襄阳高新技术产业开发区	湖北	0.080 2
5	南昌经济技术开发区	江西	0.075 9
6	郑州高新技术产业开发区	河南	0.073 9
7	武汉经济技术开发区	湖北	0.073 9
8	长春高新技术产业开发区	吉林	0.071 4
9	太原高新技术产业开发区	山西	0.071 4
10	洛阳高新技术产业开发区	河南	0.068 2

——除第 1 名得分遥遥领先外，其他园区分布连续。整体来看，前 10 强园区存在三大阵营：合肥高新技术产业开发区独占第一阵营；第 2、3、4 名得分均在 0.08 至 0.09 之间，处于第二阵营；榜单后 6 名为第三阵营。但综合来讲，后 9 名之间彼此差异不大，并出现若干园区得分相同的情况，表明相邻园区之间竞争相当激烈。

——中部产业园区公共服务指标排名中，高新技术产业开发区在数量和平均得分上均较高。中部地区公共服务排名前 10 强的园区中，高新技术产业开发区有 6 家，总得分 0.482 3，平均得分 0.080 4；经济技术开发区有 4 家，总得分 0.316 4，平均得分 0.079 1。见图 4－21 和图 4－22。

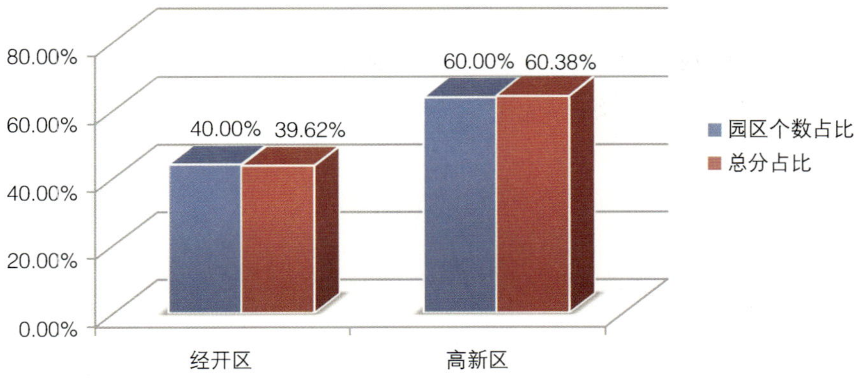

图 4－21　中部产业园区公共服务指标前 10 强对比

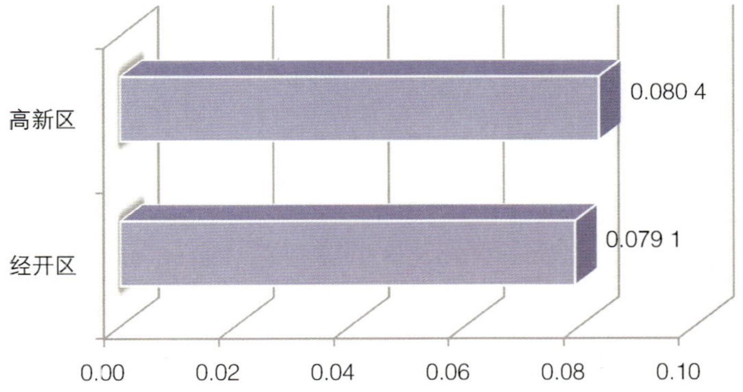

图 4－22　中部产业园区公共服务指标前 10 强均值对比

4.2.6　中部产业园区社会发展排名状况分析

——中部产业园区社会发展指标前 10 强中，武汉两家国家级园区占据前 2 名，在中部地区处于领先。由表 4－12 可知，前两名的园区得分均超过 0. 13，有趣的是两者都位于湖北省会武汉市，可见当地园区相关设施及政策环境相对完善，在中部地区处于领头地位。来自安徽的合肥高新技术产业开发区以 0. 122 8 分紧随其后，排在第 3 名。

表 4－12　中部地区国家级产业园区社会发展排名

排名	园区名称	省市	指标得分
1	武汉经济技术开发区	湖北	0. 133 4
2	武汉东湖国家自主创新示范区	湖北	0. 131 1

续表

排名	园区名称	省市	指标得分
3	合肥高新技术产业开发区	安徽	0.1228
4	长春经济技术开发区	吉林	0.1172
5	合肥经济技术开发区	安徽	0.1168
6	郑州经济技术开发区	河南	0.1130
7	长沙高新技术产业开发区	湖南	0.1097
8	长沙经济技术开发区	湖南	0.1041
9	长春经济技术开发区	吉林	0.1039
10	南昌经济技术开发区	江西	0.1022

——中部社会发展指标排名中，经济技术开发区在数量上较多，高新技术产业开发区平均得分更高。中部地区社会发展排名前10强的园区中，高新技术产业开发区有4家，总得分0.4675，平均得分0.1169；经济技术开发区有6家，总得分0.6868，平均得分0.1145。见图4－23和图4－24。

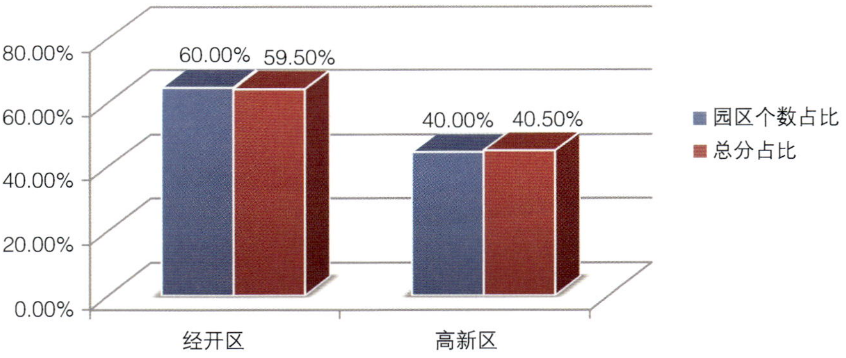

图4－23　中部产业园区社会发展指标前10强对比

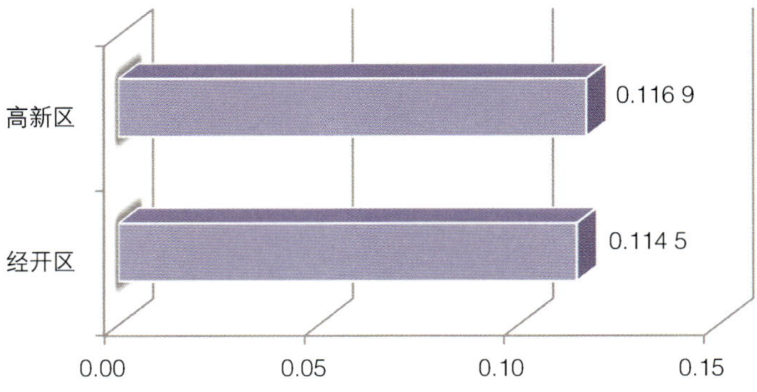

图4－24　中部产业园区社会发展指标前10强均值对比

4.3 西部地区产业园区持续发展竞争力排名分析

4.3.1 西部产业园区综合排名状况分析

——综合排名百强榜单中，西部地区园区数目不到1/6，共有14家上榜。跟往年一样，在西部地区排名榜首的依然是来自“天府之国”四川的成都高新技术产业开发区，该园区秉承“发展高科技、实现产业化”的宗旨，统筹了经济社会持续快速健康发展，在产业发展、科技创新、改善民生等方面均取得了长足的进步。来自西部重要城市的西安高新技术产业开发区也以得分0.3614名列成都高新技术产业开发区之后，排名第2，成为西部园区中重要的园区。另外，成都经济技术开发区也凭借各项指标的均衡发展跻身前5名。

表4-13 2014年西部地区国家级产业园区持续发展竞争力排名

排名	园区名称	省市	综合得分	百强榜排名
1	成都高新技术产业开发区	四川	0.3642	15
2	西安高新技术产业开发区	陕西	0.3614	16
3	南宁高新技术产业开发区	广西	0.3074	30
4	西安经济技术开发区	陕西	0.2982	37
5	成都经济技术开发区	四川	0.2870	44
6	贵阳高新技术产业开发区	贵州	0.2772	50
7	绵阳高新技术产业开发区	四川	0.2561	72
8	西宁经济技术开发区	青海	0.2501	78
9	乌鲁木齐经济技术开发区	新疆	0.2501	79
10	贵阳经济技术开发区	贵州	0.2480	80

——西部产业园区综合指标排名中，经济技术开发区和高新技术产业开发区上榜数量相同，后者平均得分更高。在西部地区持续发展竞争力综合得分排名前10强园区中，高新技术产业开发区有5家，总得分1.5662，均值为0.3132；经济技术开发区有5家，总得分1.3335，均值0.2667。具体见图4-25和图4-26。

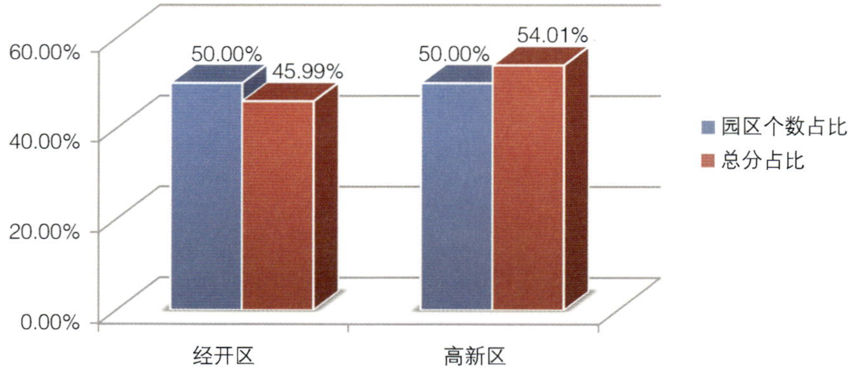

图 4－25　西部产业园区前 10 强对比

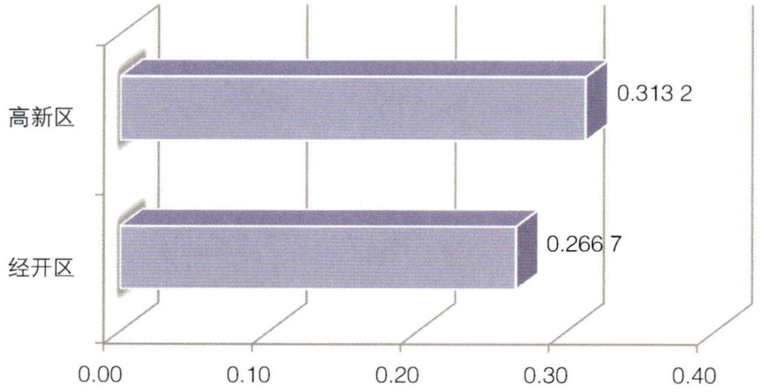

图 4－26　西部产业园区前 10 强均值对比

4.3.2　西部产业园区经济发展排名状况分析

——西部产业园区经济发展指标得分排名中，西安高新技术产业开发区稳居榜首，成都高新技术产业开发区、西安经济技术开发区分居第 2、3 名。前 3 名综合得分较高，相比后 7 家园区具有明显的得分优势。位于西北中心城市西安的两家园区，即西安高新技术产业开发区和西安经济技术开发区均以经济实力表现突出双双上榜。

——西安高新技术产业开发区与成都高新技术产业开发区居于第一梯队，西安经济技术开发区、重庆高新技术产业开发区等依次分列 3 至 6 位，处于第二梯队，成都经济技术开发区等分列 7 至 10 位，占据第三梯队。纵观西部园区经济发展指标前 10 强园区，除了西安高新技术产业开发区和成都高新技术产业开发区处于比较高的得分外，其他园区优势并不明显，差距也不明显，得分相对连续。

表 4 - 14　西部地区国家级产业园区经济发展排名

排名	园区名称	省市	指标得分
1	西安高新技术产业开发区	陕西	0.082 7
2	成都高新技术产业开发区	四川	0.070 8
3	西安经济技术开发区	陕西	0.050 0
4	重庆高新技术产业开发区	重庆	0.043 5
5	贵阳高新技术产业开发区	贵州	0.039 6
6	桂林经济技术开发区	广西	0.037 2
7	成都经济技术开发区	四川	0.027 8
8	西宁经济技术开发区	青海	0.025 2
9	南宁高新技术产业开发区	广西	0.022 5
10	绵阳高新技术产业开发区	四川	0.017 4

——西部产业园区经济发展指标排名中，高新技术产业开发区在数量和平均得分上均高于经济技术开发区。如图 4 - 27 和图 4 - 28 所示，西部地区经济发展排名指标前 10 强园区中，高新技术产业开发区有 7 家，总得分 0.313 8，平均得分 0.044 8；经济技术开发区有 3 家，总得分 0.103 0，平均得分 0.034 3。

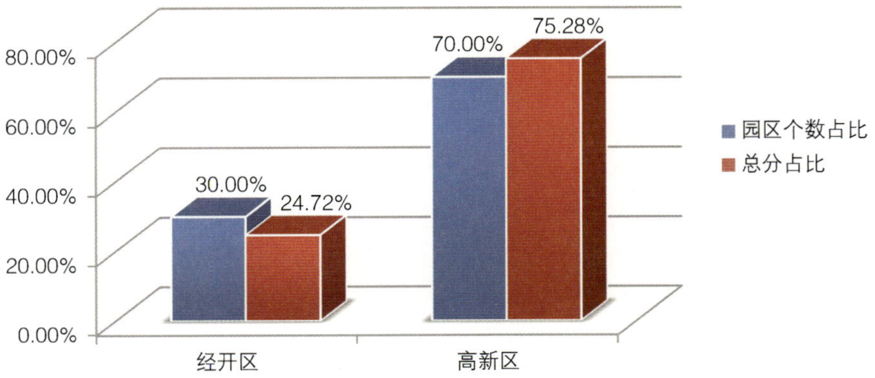

图 4 - 27　西部产业园区经济发展指标前 10 强对比

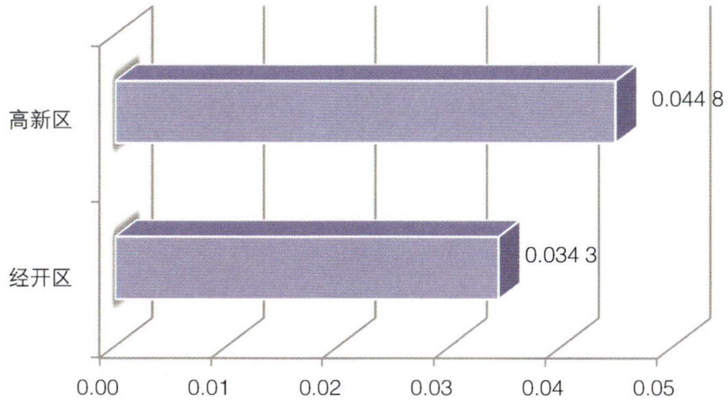

图 4－28　西部产业园区经济发展指标前 10 强均值对比

4.3.3　西部产业园区创新发展排名状况分析

——西部产业园区创新发展指标排名中，南宁高新技术产业开发区以绝对优势稳居榜首。坐落于广西壮族自治区首府的南宁高新技术产业开发区凭借园区创新资源和创新平台的优势，以 0.068 7 的得分排名第 1，远远超过其他园区，也是西部创新发展指标得分唯一超过 0.06 分的园区。兰州经济技术开发区、桂林高新技术产业开发区分别以 0.030 7 和 0.027 6 的得分位列创新发展排名第 2、3 名。

——西部产业园区创新发展指标得分相对较低。与东、中部地区相比，综合得分相对较低，除南宁高新技术产业开发区超过 0.6 分以外，其他园区大多在 0.2分以下，说明差异化极大，资源分配极度不均问题也亟待解决。

表 4－15　西部地区国家级产业园区创新发展排名

排名	园区名称	省市	指标得分
1	南宁高新技术产业开发区	广西	0.068 7
2	兰州经济技术开发区	甘肃	0.030 7
3	桂林高新技术产业开发区	广西	0.027 6
4	绵阳高新技术产业开发区	四川	0.023 6
5	成都高新技术产业开发区	四川	0.015 5
6	成都经济技术开发区	四川	0.013 6
7	贵阳高新技术产业开发区	贵州	0.012 3
8	乌鲁木齐经济技术开发区	新疆	0.010 5
9	西安高新技术产业开发区	陕西	0.010 3
10	重庆高新技术产业开发区	重庆	0.006 4

——西部产业园区创新发展指标排名中，高新技术产业开发区在上榜数量和平均得分上均占优。在西部地区创新指标得分排名前 10 强产业园中，高新技术产业开发区有 7 家，总得分 0.164 4，均值 0.023 5；经济技术开发区有 3 家，总得分 0.054 8，均值 0.018 3。见图 4－29 和图 4－30。

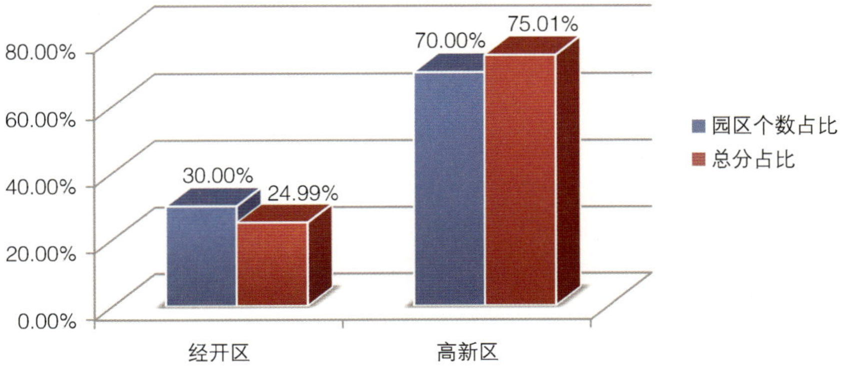

图 4－29　西部产业园区创新发展指标前 10 强对比

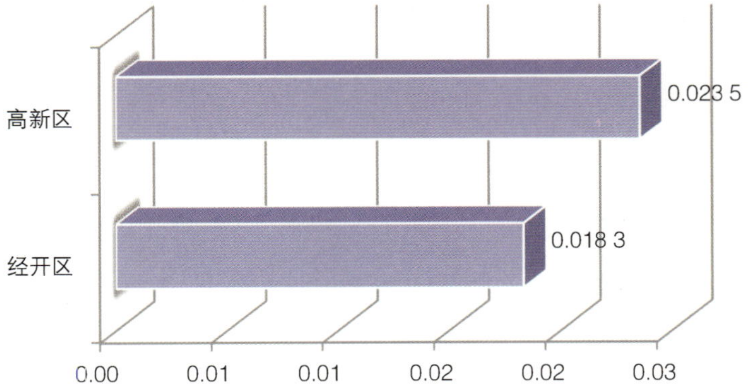

图 4－30　西部产业园区创新发展指标前 10 强均值对比

4.3.4　西部产业园区产业合作排名状况分析

——前 3 名综合得分相近，来自四川的绵阳高新技术产业开发区和成都高新技术产业开发区分获第 1、2 名。由表 4－16 可知，在西部地区产业合作指标的排名中，来自四川的两家高新技术产业开发区分别以 0.076 0 和 0.072 8 名列榜单前两名，西安高新技术产业开发区在推动技术创新、发展拥有民族自主知识产权的高新技术产业方面形成了自己的优势和特色，仅落后第 2 名 0.000 5，排在第 3。

——西部产业园区产业合作指标前 10 强得分接近，反映园区间替代性较强。如表 4 - 16 所示，上榜的 10 家园区大多分布在 0.7、0.6 两个分段，10 家园区平均得分 0.068 1，标准差 0.005，可见几家园区间差异较小。

表 4 - 16　西部地区国家级产业园区产业合作排名

排名	园区名称	省市	指标得分
1	绵阳高新技术产业开发区	四川	0.076 0
2	成都高新技术产业开发区	四川	0.072 8
3	西安高新技术产业开发区	陕西	0.072 3
4	贵阳高新技术产业开发区	贵州	0.071 5
5	西宁经济技术开发区	青海	0.070 2
6	昆明高新技术产业开发区	云南	0.065 5
7	西安经济技术开发区	陕西	0.064 5
8	贵阳经济技术开发区	贵州	0.064 1
9	成都经济技术开发区	四川	0.062 5
10	乌鲁木齐经济技术开发区	新疆	0.061 5

——西部产业园区产业合作指标排名中，经济技术开发区与高新技术产业开发区上榜数量相当，后者平均得分更高。西部地区产业合作排名前 10 强园区中，高新技术产业开发区有 5 家，总得分 0.358 1，平均得分 0.071 6；经济技术开发区同样有 5 家，总得分 0.322 8，平均得分 0.064 6。如图 4 - 31 和图 4 - 32 所示。

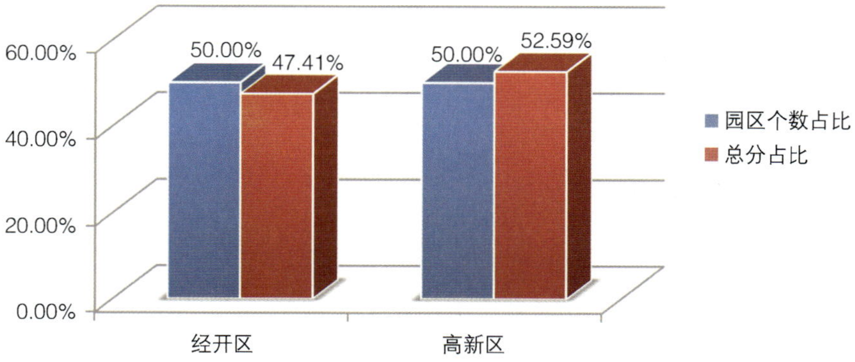

图 4 - 31　西部产业园区产业合作指标前 10 强对比

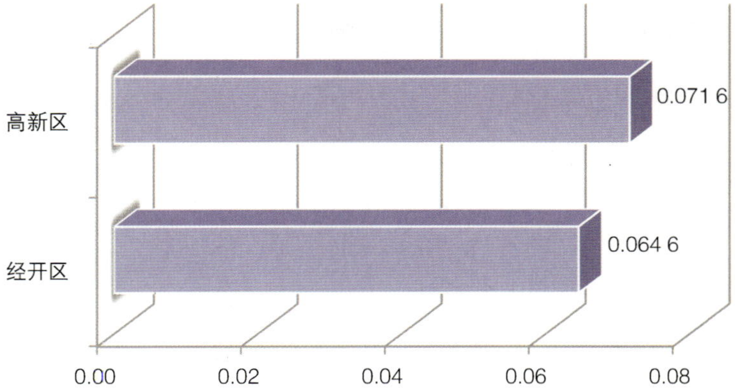

图 4－32　西部产业园区产业合作指标前 10 强均值对比

4.3.5　西部产业园区公共服务排名状况分析

——成都高新技术产业开发区公共服务指标得分第 1 名，兰州经济技术开发区与呼和浩特经济技术开发区分列 2、3 名。跟以往不同，这次位于甘肃的兰州经济技术开发区以 0.086 4 的指标得分，排在第 2 名，超过了以往的成都经济技术开发区。同样来自四川的成都经济技术开发区以 0.073 9 在前 3 名中占得一席。

表 4－17　西部地区国家级产业园区公共服务排名

排名	园区名称	省市	指标得分
1	成都高新技术产业开发区	四川	0.105 2
2	兰州经济技术开发区	甘肃	0.086 4
3	成都经济技术开发区	四川	0.073 9
4	贵阳高新技术产业开发区	贵州	0.073 9
5	南宁高新技术产业开发区	广西	0.073 9
6	西安高新技术产业开发区	陕西	0.071 4
7	重庆高新技术产业开发区	重庆	0.070 3
8	西安经济技术开发区	陕西	0.067 7
9	昆明高新技术产业开发区	云南	0.067 7
10	贵阳经济技术开发区	贵州	0.062 7

——西部产业园区公共服务指标排名中，高新技术产业开发区在数量和平均得分上均占优。西部地区公共服务排名前 10 强园区中，高新技术产业开发区有 6 家，总得分 0. 462 4，平均得分 0. 077 1；经济技术开发区有 4 家，总得分 0. 290 7，平得分 0. 072 7。如图 4 - 33 和图 4 - 34 所示。

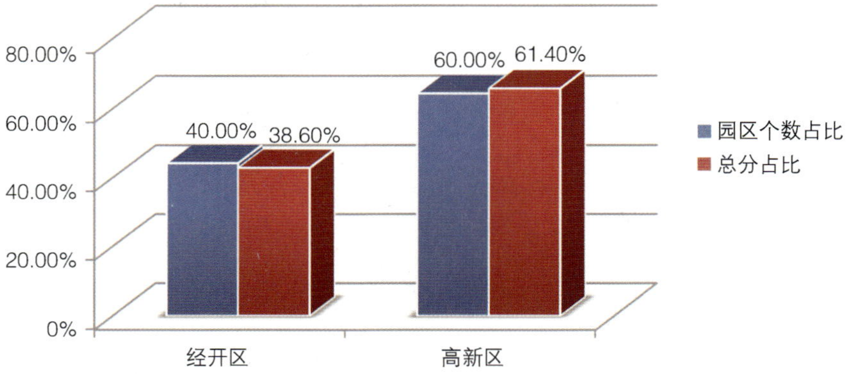

图 4 - 33 西部产业园区公共服务指标前 10 强对比

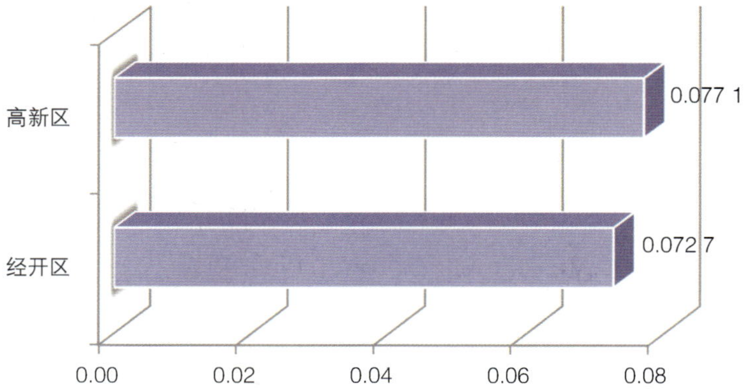

图 4 - 34 西部产业园区公共服务指标前 10 强均值对比

4.3.6 西部产业园区社会发展排名状况分析

——西部产业园区社会发展指标排名前 10 强中，西安高新技术产业开发区连续排在榜首，乌鲁木齐经济技术开发区排名第 2。近年来，乌鲁木齐充分重视环境保护，是西部在建的国家生态工业示范园区之一。同样来自西安的西安经济技术开发区以 0. 110 2 位居第 3 名。

表 4－18　西部地区国家级产业园区社会发展排名

排名	园区名称	省市	指标得分
1	西安高新技术产业开发区	陕西	0.124 6
2	乌鲁木齐经济技术开发区	新疆	0.114 7
3	西安经济技术开发区	陕西	0.110 2
4	成都经济技术开发区	四川	0.109 1
5	贵阳经济技术开发区	贵州	0.104 5
6	昆明高新技术产业开发区	云南	0.100 9
7	成都高新技术产业开发区	四川	0.099 9
8	南宁高新技术产业开发区	广西	0.095 5
9	西宁经济技术开发区	青海	0.092 4
10	兰州经济技术开发区	甘肃	0.087 3

——西部产业园区社会发展指标排名中，经济技术开发区在数量上较多，高新技术产业开发区平均得分更高。如图 4－35 和图 4－36 所示，西部地区社会发

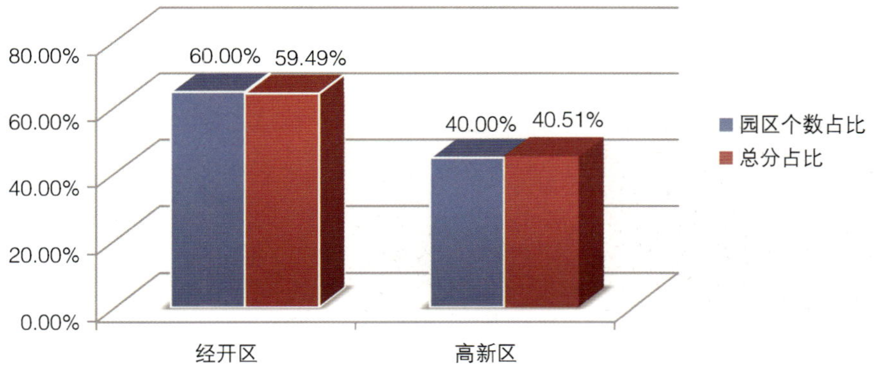

图 4－35　西部产业园区社会发展指标前 10 强对比

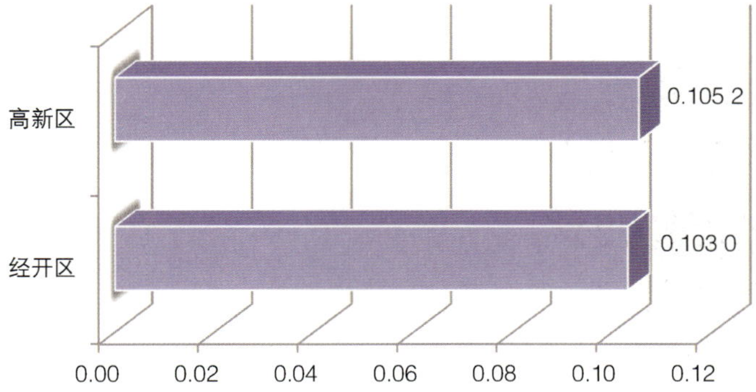

图 4－36　西部产业园区社会发展指标前 10 强均值对比

展排名前 10 强园区中，高新技术产业开发区有 4 家，总得分 0.421 0，平均得分 0.105 2；经济技术开发区有 6 家，总得分 0.618 1，平均得分 0.103 0。

4.4 各省市（直辖市）国家级产业园区排名

4.4.1 各省市（直辖市）入围百强榜产业园区个数与总体得分

——各省市（直辖市）入围百强榜产业园个数排名中，东部地区的省市排名普遍较前，西部地区省份排名普遍靠后。江苏省排名第 1，有 17 家产业园在百强榜中，紧接着依次为山东 12 家，广东 10 家，浙江 7 家，辽宁 5 家。将各省市入围百强榜产业园区的个数和综合得分进行汇总，得出表 4－19，图 4－37。

表 4－19 各省市（直辖市）百强榜产业园区个数与总得分排名

省市	进入百强榜园区个数	总得分	省市	进入百强榜园区个数	总得分
江苏	17	5.096 5	北京	2	1.355 6
山东	12	3.404 1	天津	2	0.817 6
广东	10	3.061 0	陕西	2	0.659 6
浙江	7	1.960 2	江西	2	0.583 6
辽宁	5	1.519 0	广西	2	0.540 8
安徽	4	1.272 4	福建	2	0.539 6
河北	4	1.001 8	贵州	2	0.525 2
上海	3	1.328 8	山西	1	0.251 2
湖北	3	1.057 3	青海	1	0.250 1
吉林	3	0.981 5	新疆	1	0.250 1
四川	3	0.907 3	甘肃	1	0.245 6
河南	3	0.879 0	云南	1	0.241 7
湖南	3	0.841 9	重庆	1	0.239 0
黑龙江	3	0.797 4			

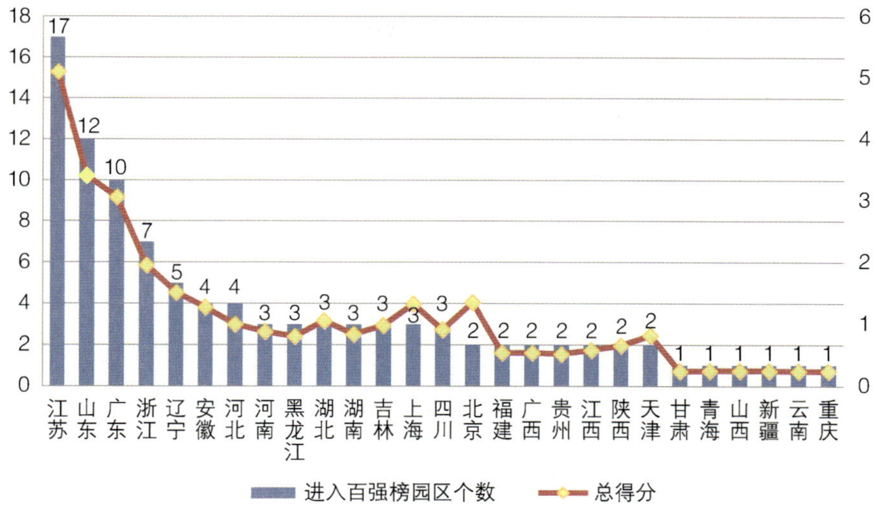

图 4－37　各省份百强榜产业园区个数及总得分

4.4.2　各省市(直辖市)产业园区持续发展竞争力平均得分排名

表 4－20　各省市(直辖市)百强榜产业园区平均得分排名

排名	省市	平均得分	排名	省市	平均得分
1	北京	0.677 8	15	湖南	0.280 6
2	上海	0.442 9	16	浙江	0.280 0
3	天津	0.408 8	17	广西	0.270 4
4	湖北	0.352 4	18	福建	0.269 8
5	陕西	0.329 8	19	黑龙江	0.265 8
6	吉林	0.327 2	20	贵州	0.262 6
7	安徽	0.318 1	21	山西	0.251 2
8	广东	0.306 1	22	河北	0.250 5
9	辽宁	0.303 8	23	青海	0.250 1
10	四川	0.302 4	24	新疆	0.250 1
11	江苏	0.299 8	25	甘肃	0.245 6
12	河南	0.293 0	26	云南	0.241 7
13	江西	0.291 8	27	重庆	0.239 0
14	山东	0.283 7			

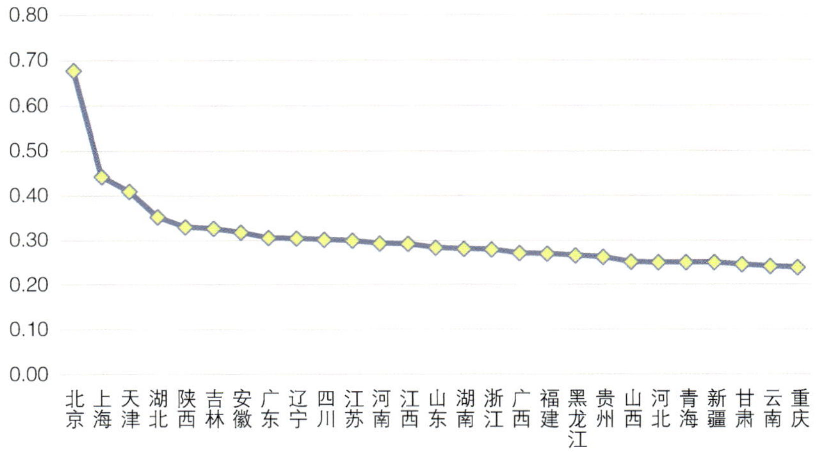

图 4-38　各省市百强榜产业园区平均得分曲线图

4.5　区域排名 2013—2014 年度对比分析

4.5.1　东部产业园区排名 2013—2014 年度对比分析

——百强东部园区总指标中，除平均得分有所下降之外，园区个数、总得分等其他总指标较 2013 年均有一定上升，东部地区发展前景依然明亮。由百强榜单可知，东部地区产业园区 2014 年共有 64 家上榜，其中高新技术产业开发区共有 29 家，经济技术开发区共有 35 家，而 2013 年百强榜东部地区共有 61 家园区，其中高新技术产业开发区 27 家，经济技术开发区 34 家，相比较可知百强榜中东部园区总数量增加了 3 家，而入榜园区中经济技术开发区和高新技术产业开发区较 2013 年都有小幅增加。2013 年产业园区总得分 20.038，2014 年总得分 20.084 3，同比增长 0.23%。园区平均得分由 0.328 5 略微下降至 0.318 3，同比下降 3.11%。东部地区 10 强园区总得分的增长率上升 4.2%，10 强总分在百强园区中所占比例也有 3.96% 的增长。

表 4-21　2013—2014 东部产业园区持续发展竞争力总指标得分对比

东部园区	2013 年	2014 年	增长率
园区个数	61	64	4.92%
总得分	20.038 0	20.084 3	0.23%

续表

东部园区	2013 年	2014 年	增长率
平均得分	0.328 5	0.318 3	-3.11%
10 强总得分	4.955 5	5.163 7	4.20%
10 强总分占比	24.73%	25.71%	3.96%

——东部总体排名前 10 强园区各单项指标平均得分升降不一，公共服务、产业合作以及创新发展指标较上一年变化率均超过 20%。分析东部地区五大类单项指标 2013—2014 年度 10 强园区平均得分情况可知，公共服务与创新发展有较大增长，同比增长率超过 20%，而产业合作也有较大变化，同 2013 年相比下降率也超过 20%。经济发展指标前 10 强园区平均得分与经济整体走势趋同，出现 5.35% 的下降，社会发展得分略有增加。具体情况如表 4-22 和图 4-39 所示。

表 4-22　2013—2014 东部产业园区单项指标前 10 强园区平均得分对比

东部园区	2013 年	2014 年	增长率
经济发展	0.115 9	0.109 7	-5.35%
创新发展	0.066 8	0.081 6	22.16%
产业合作	0.133 6	0.103 1	-22.83%
公共服务	0.080 5	0.102 0	26.71%
社会发展	0.139 9	0.143 8	2.79%

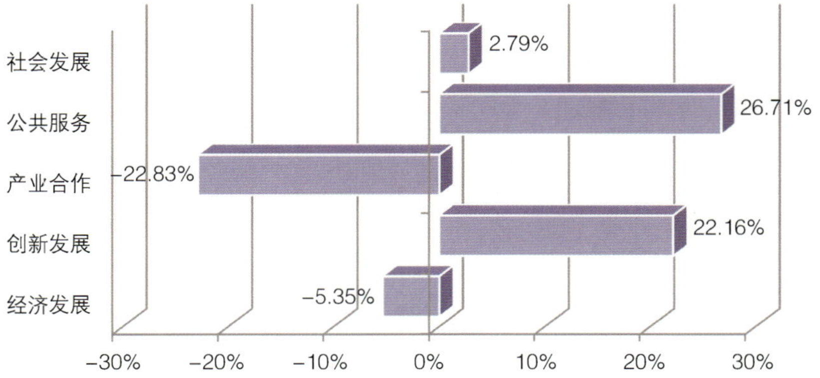

图 4-39　东部产业园区单项指标前 10 强增长率

4.5.2 中部产业园区排名 2013—2014 年度对比分析

——中部园区总指标中，总得分、平均得分以及前 10 强总得分均出现下滑。由百强榜单可知，中部地区产业园区 2014 年共有 22 家园区上榜，其中高新技术产业开发区有 13 家，经济技术开发区有 9 家，与 2013 年的情况完全相同，只是部分高新技术产业开发区内部相互替代。中部地区产业园区的持续发展竞争力综合得分情况：2013 年产业园区总得分 7.134 3，2014 年总得分 6.664 1，较上一年下降 6.59%。另外，而中部地区前 10 强园区总得分的情况与百强总分相似，也出现了 6.49% 的下降。但反观前 10 强总分占比可知，2014 年虽然多项指标都有一定程度下降，但前 10 强所占比例略有所上升。

表 4－23　2013—2014 中部产业园区持续发展竞争力总指标得分对比

中部园区	2013 年	2014 年	增长率
园区个数	22	22	0.00%
总得分	7.134 3	6.664 1	－6.59%
平均得分	0.324 3	0.302 9	－6.60%
前 10 强总得分	3.787 4	3.541 5	－6.49%
前 10 强总分占比	53.09%	53.14%	0.10%

——中部园区经济发展、创新发展与产业合作三大类指标有不同程度下降，公共服务平均得分增长率超 10%。分析中部地区五大类单项指标 2013—2014 年度 10 强园区平均得分情况，可以发现中部地区的各单项指标前 10 强园区的平均得分有增有降，其中产业合作下降最大为 29.14%，经济发展与创新发展也出现一定下降。另外，增长最大的为公共服务指标，为 12.06% 的增长率，这一积极信号表明中部园区越来越注重园区环境（包括软环境和硬环境）建设。具体情况如表 4－24 和图 4－40 所示。

表 4－24　2013—2014 中部产业园区单项指标前 10 强园区平均得分对比

中部园区	2013 年	2014 年	增长率
经济发展	0.066 5	0.061	－8.27%
创新发展	0.040 1	0.036 8	－8.23%

续表

中部园区	2013 年	2014 年	增长率
产业合作	0.1160	0.0822	-29.14%
公共服务	0.0713	0.0799	12.06%
社会发展	0.1135	0.1154	1.67%

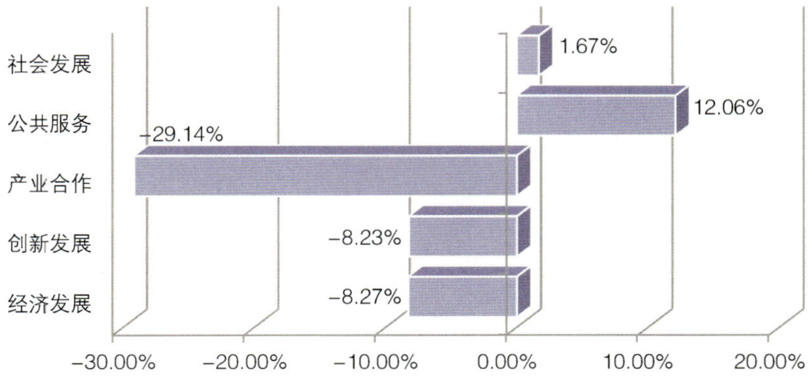

图 4-40　中部产业园区单项指标前 10 强增长率

4.5.3　西部产业园区排名 2013—2014 年度对比分析

——百强榜西部园区数量减少 3 家。由百强榜单可知，西部地区产业园区 2014 年共有 14 家上榜，其中高新技术产业开发区有 8 家，经济技术开发区有 6 家。而 2013 年百强榜西部地区共有 17 家，其中，高新技术产业开发区 10 家，经济技术开发区 7 家，百强榜上榜园区总数减少 3 家，具体表现在高新技术产业开发区和经济技术开发区分别减少 2 家和 1 家。据此，减少的百强中的 3 个席位均被东部地区获得，说明 2014 年西部园区在所有区域中的整体实力有所下滑。

——西部综合排名前 10 强总分占比有所提升，园区个数、总得分以及平均得分等其他指标出现下滑。西部地区的持续发展竞争力综合得分 2013 年为 4.9937，2014 年总得分 3.8593，下滑较为严重，降比超过 17%。平均得分由 2013 年的 0.2937 降至 0.2757，也出现了 6.13% 的下降。不过，西部地区 10 强园区总得分占比达到 75.14%，较上年有较大提升。具体见表 4-25。

表 4 - 25　2013—2014 西部产业园区持续发展竞争力总指标得分对比

西部园区	2013 年	2014 年	增长率
园区个数	17	14	- 17.65%
总得分	4.993 7	3.859 3	- 22.72%
平均得分	0.293 7	0.275 7	- 6.13%
前 10 强总得分	3.194 4	2.899 7	- 9.23%
前 10 强总分占比	63.97%	75.14%	17.45%

——西部园区在公共服务指标平均得分有所提升，其他 4 项指标平均得分均出现下滑。分析西部地区五大类单项指标 2013—2014 年度前 10 强园区平均得分情况可以发现，西部地区的各单项指标前 10 强园区的平均得分增少减多。其中，产业合作降幅最大为 34.59%，经济发展也因上年经济趋势下降超过 25%，仅有公共服务得到较好提升，增长近 10%。具体情况见表 4 - 26 和图 4 - 41。

表 4 - 26　2013—2014 西部产业园区单项指标前 10 强园区平均得分对比

西部园区	2013 年	2014 年	增长率
经济发展	0.057 0	0.042 0	- 26.88%
创新发展	0.024 0	0.021 9	- 8.65%
产业合作	0.104 1	0.068 1	- 34.59%
公共服务	0.068 7	0.075 3	9.63%
社会发展	0.104 4	0.103 9	- 0.47%

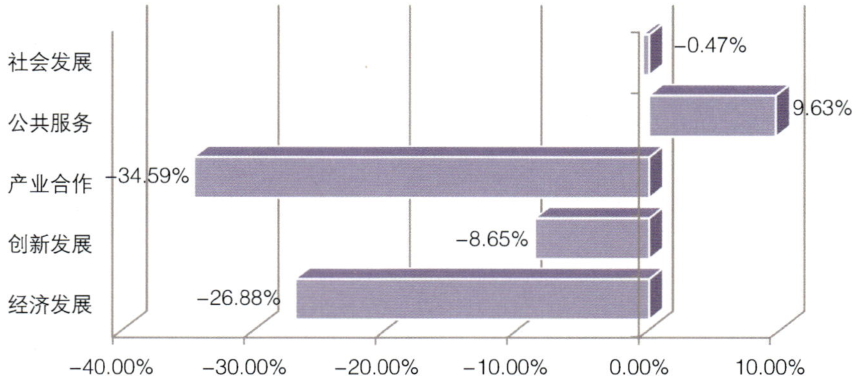

图 4 - 41　西部园区单项指标 10 强增长率

4.5.4　各省市(直辖市)产业园区排名 2013—2014 年度对比分析

——除了七个省市(直辖市)园区总得分有所增加,其他省市得分有所下降。由百强榜各省市产业园区总得分对比分析可知,广西壮族自治区的园区总得分 2013 至 2014 年度增幅最大,达到 94.80%,远超过其他园区涨幅。河南、河北、北京、广东、辽宁、江苏各省园区总得分都有较大的增长,其他园区都有所下降。重庆市时隔一年,又进入了百强榜,由 2013 年的 109 名升到 2014 年的 88 名,而内蒙古的园区退出了百强。各省市的具体变化情况见表4 - 27和图 4 - 42。

表 4 - 27　2013—2014 各省市(直辖市)产业园区持续发展竞争力总得分对比

省市	总分排名		园区个数		总得分		增长率
	2014 年	2013 年	2014 年	2013 年	2014 年	2013 年	
江苏	1	1	17	15	5.096 5	4.894 5	4.13%
山东	2	2	12	13	3.404 1	3.877 4	- 12.21%
广东	3	3	10	8	3.061 0	2.727 1	12.24%
浙江	4	4	7	7	1.960 2	2.050 3	-4.39%
辽宁	5	7	5	4	1.519 0	1.359 9	11.70%
北京	6	10	2	2	1.355 6	1.133 5	19.60%
上海	7	6	3	4	1.328 8	1.506 0	- 11.77%
安徽	8	5	4	5	1.272 4	1.582 5	- 19.60%
湖北	9	9	3	3	1.057 3	1.200 1	- 11.90%
河北	10	17	4	3	1.001 8	0.827 6	21.05%
吉林	11	11	3	3	0.981 5	1.027 1	-4.44%
四川	12	8	3	4	0.907 3	1.240 9	-26.89%
河南	13	18	3	2	0.879 0	0.660 6	33.06%
湖南	14	13	3	3	0.841 9	0.945 0	- 10.91%
天津	15	15	2	2	0.817 6	0.832 7	- 1.81%
黑龙江	16	14	3	3	0.797 4	0.849 2	-6.11%
陕西	17	12	2	3	0.659 6	0.993 8	-33.63%
江西	18	19	2	2	0.583 6	0.603 9	-3.36%
广西	19	24	2	1	0.540 8	0.277 6	94.80%
福建	20	16	2	3	0.539 6	0.829 5	-34.94%

续表

省市	总分排名		园区个数		总得分		增长率
	2014 年	2013 年	2014 年	2013 年	2014 年	2013 年	
贵州	21	20	2	2	0.525 2	0.590 4	-11.04%
山西	22	25	1	1	0.251 2	0.265 8	-5.48%
青海	23	23	1	1	0.250 1	0.279 9	-10.63%
新疆	24	22	1	2	0.250 1	0.533 5	-53.11%
甘肃	25	21	1	2	0.245 6	0.562 0	-56.30%
云南	26	26	1	1	0.241 7	0.265 7	-9.03%
重庆	27	28	1	—	0.239 0	—	—
内蒙古	—	27	—	1	—	0.250 1	—

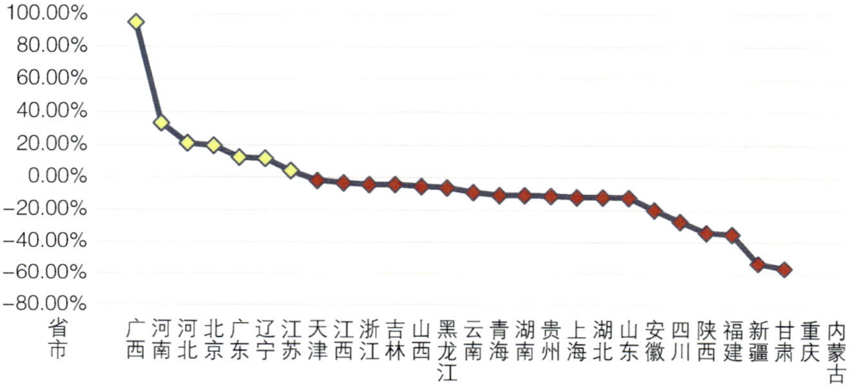

图 4-42　各省市百强园区总得分增长率

——除北京、上海、安徽三个省份园区平均得分有所增长外，其余省市园区平均得分均有所下降。由百强榜各省市产业园区平均得分对比分析可知，2013 年至 2014 年各省市入围百强榜园区的平均得分变化较总得分变化相对平缓，平均得分增幅最大的是北京，达到了 19.60%，其次是上海，增幅也较大，为17.65%，其余园区均有所下降。各省市的具体变化情况如表 4-28 和图 4-43 所示。

表 4-28　2013—2014 各省市产业园区持续发展竞争力平均得分对比

省市	平均得分排名		平均得分		增长率
	2014 年	2013 年	2014 年	2013 年	
北京	1	1	0.677 8	0.566 8	19.60%
上海	2	4	0.442 9	0.376 5	17.65%
天津	3	2	0.408 8	0.416 3	-1.81%

续表

省市	平均得分排名		平均得分		增长率
	2014 年	2013 年	2014 年	2013 年	
湖北	4	3	0.352 4	0.400 0	-11.90%
陕西	5	8	0.329 8	0.331 3	-0.45%
吉林	6	5	0.327 2	0.342 4	-4.44%
安徽	7	11	0.318 1	0.316 5	0.50%
广东	8	6	0.306 1	0.340 9	-10.20%
辽宁	9	7	0.303 8	0.340 0	-10.64%
四川	10	13	0.302 4	0.310 2	-2.51%
江苏	11	10	0.299 8	0.326 3	-8.12%
河南	12	9	0.293 0	0.330 3	-11.29%
江西	13	14	0.291 8	0.301 9	-3.36%
山东	14	15	0.283 7	0.298 3	-4.89%
湖南	15	12	0.280 6	0.315 0	-10.91%
浙江	16	17	0.280 0	0.292 9	-4.39%
广西	17	21	0.270 4	0.277 6	-2.60%
福建	18	22	0.269 8	0.276 5	-2.41%
黑龙江	19	18	0.265 8	0.283 1	-6.11%
贵州	20	16	0.262 6	0.295 2	-11.04%
山西	21	25	0.251 2	0.265 8	-5.48%
河北	22	23	0.250 5	0.275 9	-9.22%
青海	23	20	0.250 1	0.279 9	-10.63%
新疆	24	24	0.250 1	0.266 7	-6.23%
甘肃	25	19	0.245 6	0.281 0	-12.60%
云南	26	26	0.241 7	0.265 7	-9.03%
重庆	27	—	0.239 0	—	—
内蒙古	—	27	—	0.250 1	—

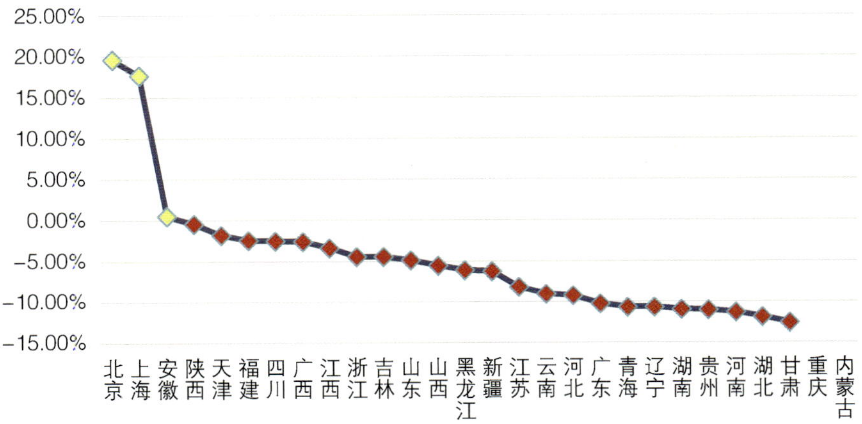

图 4-43　各省市百强园区平均得分增长率

第5章

中国产业园区持续发展类别排名分析

根据 2014 年国家级产业园区持续发展竞争力综合排名百强榜，进入百强榜的园区主要为高新技术产业开发区和经济技术开发区，本章将进一步以这两类园区为研究对象，就总体排名以及单项指标排名进行整理与分析，并与 2013 年排名进行对比。

5.1　高新技术产业开发区持续发展排名分析

5.1.1　高新技术产业开发区总体状况分析

——综合排名百强榜中，高新区综合得分均值高于百强榜园区得分均值，北京中关村国家自主创新示范区综合得分占绝对优势，其余相邻名次间差距较小，呈现连续性分布特征。进入综合排名百强榜的 50 家高新区占总数的 39.4%，百强中的高新区平均得分为 0.308 7，略高于百强产业园区总体得分均值 0.306 1。中关村国家自主创新示范区得分为 0.996 9，是第 2 名上海张江国家自主创新示范区得分(0.685 0)的 1.46 倍。武汉东湖国家自主创新示范区得分为 0.448 4 略高于其他高新区，其他高新区综合得分在 0.233 4～0.407 8 之间呈连续分布形态，见图 5－1。

——综合排名百强榜中，东部高新区排名数量和均值均占绝对优势。从综合排名前百强的高新技术产业开发区的区域分布来看，东部拥有 29 家，占百强榜高新区总数的 58%；中部拥有 13 家，占 26%；西部拥有 8 家，占16%；从百强榜中各地区高新技术产业开发区综合得分总值来看，东部高新区为 9.328 9，占百强榜高新区的 60.44%；中部高新区为 3.825 4，占 24.78%；西部高新区为 2.280 3，占

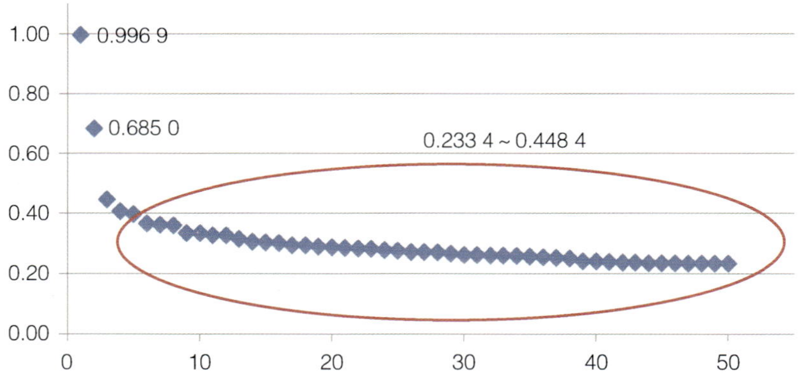

图 5－1　高新区综合得分分布

14.77%。见图 5－2。从百强榜中各区域高新技术产业开发区综合得分的均值来看，东部高新区平均得分为 0.321 7，高于百强高新区的平均值0.308 7；中部高新区和西部高新区平均得分分别为 0.294 3、0.285 0，均低于百强高新区的平均值，见图 5－3。

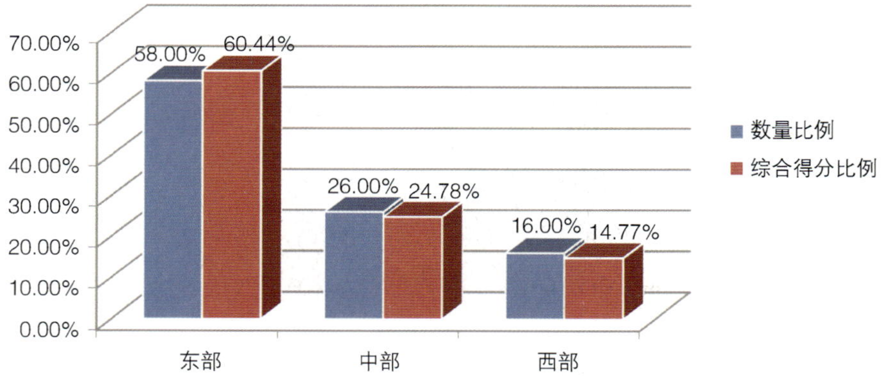

图 5－2　高新区各区域数量比例及综合得分比例

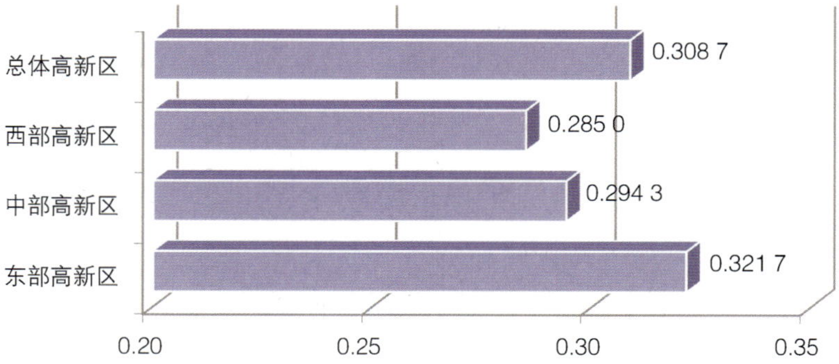

图 5－3　高新区各区域得分均值对比

5.1.2　高新技术产业开发区前 10 强排名分析

——综合排名前 10 强高新区中，北京中关村国家自主创新示范区以绝对优势位居高新区排行榜首，前 3 名高新区得分差距较大，其余相邻园区呈连续分布特征。北京中关村国家自主创新示范区得分 0.996 9，是第 2 名上海张江国家自主创新示范区得分的 1.46 倍，而第 2 名上海张江国家自主创新示范区是第 3 名武汉东湖国家自主创新示范区得分的 1.53 倍，见表 5－1。郑州高新技术产业区因其较快的经济增速与较强的创新能力新进入前 10 强，其工业总产值同比增长 21.82%，税收收入同比增长 17.02%，出口创汇同比增长 102.16%，经济发展指标得分0.064 4。郑州高新技术产业开发区重视高科技创新，大力培植高科技产业，聚集了 25 个各类工程技术(研究)中心，其中，国家级工程中心 4 个，不断提升综合发展能力、科技创新能力及辐射带动能力，并取得了较好的成绩。

表 5－1　高新技术产业开发区前 10 强排名与得分

排名	高新区名称	省市	区域	综合得分	百强榜排名
1	中关村国家自主创新示范区	北京	东	0.996 9	1
2	上海张江国家自主创新示范区	上海	东	0.685 0	2
3	武汉东湖国家自主创新示范区	湖北	中	0.448 4	6
4	长春高新技术产业开发区	吉林	中	0.407 8	8
5	深圳高新技术产业开发区	广东	东	0.397 8	9
6	合肥高新技术产业开发区	安徽	中	0.366 6	13
7	成都高新技术产业开发区	四川	西	0.364 2	15
8	西安高新技术产业开发区	陕西	西	0.361 4	16
9	郑州高新技术产业开发区	河南	中	0.336 4	22
10	南京国家高新技术产业开发区	江苏	东	0.335 1	23

——综合排名高新区前 10 强中，东中部各占 4 家，西部 2 家，但东部地区得分占绝对优势。从综合得分总和来看，高新区前 10 强中东部高新区得分总和为 2.414 8，占高新区前 10 强总体得分的51.38%；中部高新区得分总和为 1.559 1，占高新区前 10 强总体得分的 33.18%；西部高新区得分总和为 0.725 5，占高新区前 10 强总体得分的 15.44%，见图 5－4。这表明，高新区前 10 强东部高新区

在数量与综合水平上更具优势。从综合得分的均值来看，高新区前 10 强中东部高新区平均得分为 0.603 7，高于高新区前 10 强的平均值 0.470 0；中部高新区平均得分为 0.389 8，低于高新区前 10 强平均值；西部高新区平均得分为 0.362 8。可以看出，虽然高新区前 10 强东、中部虽然数量差异不明显，但东部高新区在持续发展竞争力的平均水平上高于中部地区，见图 5－5。

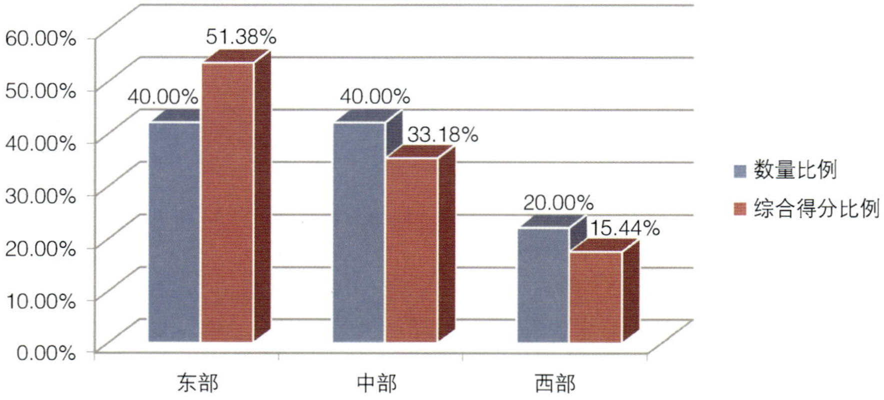

图 5－4　高新区前 10 强各区域数量比例与综合得分比例

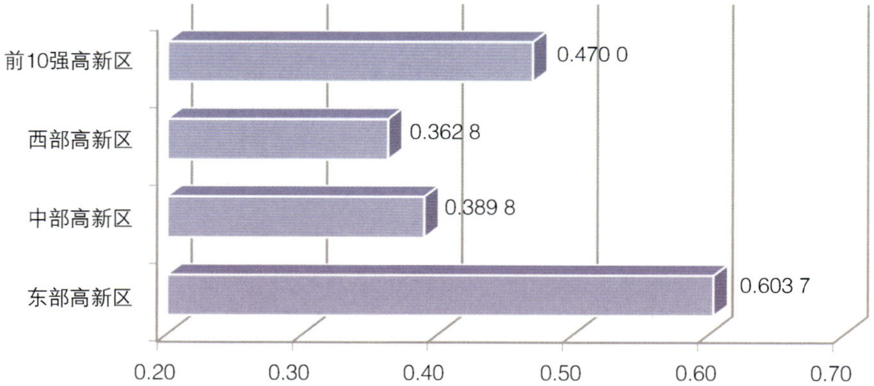

图 5－5　高新区前 10 强各区域均值对比

5.1.3　高新技术产业开发区单项指标排名分析

1．经济发展指标

——经济发展指标第 1 名北京中关村国家自主创新示范区得分具有绝对优

势，上海张江国家自主创新示范区与长春高新技术产业开发区为第二梯队，其余相邻名次间差距较小，呈现连续性分布特征。经济发展指标排名前 3 的高新区分别是北京中关村国家自主创新示范区、上海张江国家自主创新示范区、长春高新技术产业开发区，其中，中关村国家自主创新示范园区得分 0.203 3，为第 2 名上海张江国家自主创新示范区得分的 1.54 倍，是第 10 名南京国家高新技术产业开发区的 3.87 倍，远远超出其他园区，见表 5－2。

表 5－2　高新区经济发展指标前 10 强排名与得分

排名	高新区名称	省市	区域	指标得分
1	北京中关村国家自主创新示范区	北京	东	0.203 3
2	上海张江国家自主创新示范区	上海	东	0.132 1
3	长春高新技术产业开发区	吉林	中	0.121 8
4	武汉东湖国家自主创新示范区	湖北	中	0.083 9
5	西安高新技术产业开发区	陕西	西	0.082 7
6	成都高新技术产业开发区	四川	西	0.070 8
7	深圳高新技术产业开发区	广东	东	0.064 6
8	郑州高新技术产业开发区	河南	中	0.064 4
9	天津滨海高新技术产业开发区	天津	东	0.057 5
10	南京国家高新技术产业开发区	江苏	东	0.052 5

——从区域分布来看，东部高新区在经济发展指标上占据数量与均值方面的优势。从数量上来看，东部有 5 家，中部 3 家，西部 2 家。从各区域的均值来看，5 家东部高新区经济发展指标得分的均值为 0.102 0，3 家中部高新区经济发展指标得分的均值为 0.090 0，2 家西部高新区经济发展指标得分的均值为0.076 8。

2. 创新发展指标

——创新发展指标第 1 名仍是中关村国家自主创新示范区，前 3 名园区差距较大外，其余相邻名次间差距较小，呈现连续性分布特征。创新发展指标排名前 3 名的高新区分别为中关村国家自主创新示范区、上海张江国家自主创新示范区、武汉东湖国家自主创新示范区，有 2 家位于东部。其中仅有 2 家园区创新发展指标得分高于 0.1，6 家园区创新发展指标得分低于 0.05，由此可见，高新区在创新发展指标上存在较大差距。其中中关村国家自助创新示范区因其地理位置、教育资源、科研实力等优势，在创新发展指标上得分仍旧保持着一贯的领先，其指标得分为 0.297 1，是第 2 名上海张江国家自主创新示范区得分的 2.3 倍，是第 10 名芜湖高新技术产业开发区指标得分的 11.38 倍，见表 5－3。

表 5－3　高新区创新发展指标前 10 强排名与得分

排名	高新区	省市	区域	指标得分
1	北京中关村国家自主创新示范区	北京	东	0.297 1
2	上海张江国家自主创新示范区	上海	东	0.128 9
3	武汉东湖国家自主创新示范区	湖北	中	0.081 0
4	南宁高新技术产业开发区	广西	西	0.068 7
5	杭州高新技术产业开发区	浙江	东	0.043 2
6	沈阳高新技术产业开发区	辽宁	东	0.040 0
7	长春高新技术产业开发区	吉林	中	0.037 4
8	南京国家高新技术产业开发区	江苏	东	0.029 1
9	桂林高新技术产业开发区	广西	西	0.027 6
10	芜湖高新技术产业开发区	安徽	中	0.026 1

——从区域分布来看，东部高新区在创新发展指标上占据数量与均值方面的优势。从数量上来看，东部有 5 家，中部 3 家，西部 2 家，东部仍然保持着数量优势；从各区域的均值来看，5 家东部高新区创新发展指标得分的均值为0.107 7，3 家中部高新区创新发展指标得分的均值为 0.048 2，2 家西部高新区创新发展指标得分的均值为 0.048 1，可以看出在创新指标排名前 10 的高新区中，中西部差异微乎其微，而东部在平均水平上占有绝对的优势。

3. 产业合作指标

——产业合作指标第一梯队为上海张江国家自主创新示范区、北京中关村国家自主创新示范区，其余相邻名次间差距较小，呈现连续性分布特征，且无新进园区。上海张江国家自主创新示范区 2014 年以微弱优势超过北京中关村国家自主创新示范区位居产业合作指标排名第 1 名，得分为 0.160 7，是第 3 名深圳高新技术产业开发区的 1.59 倍，见表 5－4。与 2013 年高新区产业合作指标排名前 10 强相比，2014 年产业合作指标除内部略有波动，前 10 强并未发生变化，相对稳定。

表 5－4　高新区产业合作指标前 10 强排名与得分

排名	高新区名称	省市	区域	指标得分
1	上海张江国家自主创新示范区	上海	东	0.163 0
2	北京中关村国家自主创新示范区	北京	东	0.160 7
3	深圳高新技术产业开发区	广东	东	0.102 1
4	厦门火炬高技术产业开发区	福建	东	0.092 8
5	武汉东湖国家自主创新示范区沈阳	湖北	中	0.087 2
6	太原高新技术产业开发区	山西	中	0.085 4
7	长沙高新技术产业开发区	湖南	中	0.085 3
8	青岛高新技术产业开发区	山东	东	0.084 4
9	威海火炬高技术产业开发区	山东	东	0.081 9
10	宁波高新技术产业开发区	浙江	东	0.081 7

——从区域分布来看，东部高新区在产业合作指标上占据数量与均值方面的优势，西部没有高新区进入前 10 强。从产业合作指标前 10 强的高新区的区域分布情况来看，东部 7 家，中部 3 家，东部具有绝对数量优势，东部园区表现出较强的园区合作理念，以及对持续平衡发展的重视；从各区域均值来看，7 家东部高新区产业合作指标得分的均值为 0.109 5，3 家中部高新区产业合作指标得分均值为 0.086 0，可以看出，在产业合作排名前 10 强高新区中，东部在平均水平上仍然具有优势。

4. 公共服务指标

——公共服务指标第 1 名北京中关村国家自主创新示范区得分具有绝对优势，其余相邻名次间差距较小，呈现连续性分布特征。从公共服务指标前 10 强排名及其得分可以看出，公共服务前 3 名分别是北京中关村国家自主创新示范区、合肥高新技术产业开发区、成都高新技术产业开发区，其中，北京中关村国家自主创新示范区以绝对优势排列第 1 名，公共服务指标得分 0.185 5，是第 2 名合肥高新技术产业开发区的 1.584 倍，其主要原因是其完善的园区组织结构以及优越地理的位置随之带来良好的软件服务设施。除中关村国家自主创新示范区与合肥高新技术产业开发区之间的得分差距较大以外，其余相邻排名产业园区之间的得分差距较小，呈现连续分布态势，见表 5－5。

表 5-5　高新区公共服务指标前 10 强排名与得分

排名	高新区	省市	区域	指标得分
1	北京中关村国家自主创新示范区	北京	东	0.1855
2	合肥高新技术产业开发区	安徽	中	0.1171
3	成都高新技术产业开发区	四川	西	0.1052
4	深圳高新技术产业开发区	广东	东	0.0988
5	上海张江国家自主创新示范区	上海	东	0.0968
6	中山火炬高技术产业开发区	广东	东	0.0880
7	珠海高新技术产业开发区	广东	东	0.0873
8	江门高新技术产业开发区	广东	东	0.0868
9	襄阳高新技术产业开发区	湖北	中	0.0802
10	苏州国家高新技术产业开发区	江苏	东	0.0796

——从区域分布来看，东部高新区在公共服务指标上占据绝对数量优势，但得分均值优势不显著。从数量上来看，东部 7 家，中部 2 家，西部 1 家，东部具有绝对数量优势，中西部由于地理条件的限制处于劣势地位；从各区域均值来看，7 家东部高新区公共服务指标得分均值为 0.1032，2 家中部高新区公共服务指标得分均值为 0.0987，西部只有 1 家，均值不能说明问题。

5. 社会发展指标

——社会发展指标第 1 名上海张江国家自主创新示范区得分具有绝对优势，除前 3 强园区差异较大外，其余呈现连续性分布特征。社会发展前 3 强为上海张江国家自主创新示范园区、北京中关村国家自主创新示范区、武汉东湖国家高新技术产业开发区，前 3 强均为比较有代表性的典型产业园区，有着较高的媒体曝光率和社会声誉，正面品牌宣传较多，对园区品牌形象塑造比较关注。除前 3 名园区有较大的差距，其余相邻排名产业园区之间基本上呈连续分布状态，见表5-6。

表 5-6　高新区社会发展指标前 10 强排名与得分

排名	高新区名称	省市	区域	指标得分
1	上海张江国家自主创新示范区	上海	东	0.1642
2	北京中关村国家自主创新示范区	北京	东	0.1502
3	武汉东湖国家自主创新示范区	湖北	中	0.1311
4	西安高新技术产业开发区	陕西	西	0.1246

续表

排名	高新区名称	省市	区域	指标得分
5	合肥高新技术产业开发区	安徽	中	0.122 8
6	苏州国家高新技术产业开发区	江苏	东	0.119 6
7	青岛高新技术产业开发区	山东	东	0.118 6
8	天津滨海高新技术产业开发区	天津	东	0.118 6
9	宁波高新技术产业开发区	浙江	东	0.118 2
10	南京国家高新技术产业开发区	江苏	东	0.117 3

——从区域分布来看，东部高新区在社会发展指标上占据绝对数量优势，但均值优势不显著。从数量上来看，东部 7 家，中部 2 家，西部 1 家，主要集中于东部。从各区域均值来看，7 家东部高新区社会发展指标得分均值为 0.129 5，2 家中部高新区社会发展指标得分均值为 0.127 0，西部 1 家园区不足以说明问题，由此可见东部平均水平略高，但差异较小，说明东部、中部地区园区都比较重视园区声誉，关注园区绿色生态发展、环境保护、社会服务等方面。

5.2 经济技术开发区持续发展排名分析

5.2.1 经济技术开发区总体状况分析

——综合排名百强榜中，50 家上榜经开区综合得分均值低于百强园区得分均值，前 3 强得分遥遥领先，其余园区得分呈连续分布状态。进入综合排名百强榜的 50 家经开区占经开区总数的 22.83%。百强榜中的经开区平均得分为 0.303 5，略低于百强榜产业园区总体得分均值 0.306 1。前 3 强经济技术开发区得分明显高于其他经开区，苏州工业园区得分为 0.534 3，天津经济技术开发区得分为 0.489 8，广州经济技术开发区得分为 0.460 9。其他经开区综合得分在 0.233 1～0.428 2 之间，基本呈连续分布形态，见图 5－6。

——综合排名百强榜中，由于经济发展指标和社会发展指标的变动影响，2014 年较 2013 年新增经开区共 4 家。吴江经济技术产业开发区、萧山经济技术

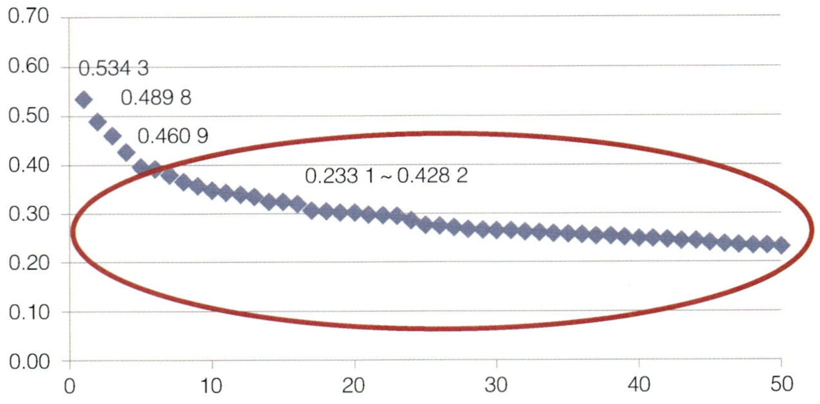

图 5 - 6　经开区综合得分分布

产业开发区、常熟经济技术产业开发区、湛江经济技术开发区进入百强榜，而镇江经济技术产业开发区、厦门海沧经济技术产业开发区、宁波石化经济技术产业开发区、德阳经济技术产业开发区则退出百强榜榜单。常熟经济技术产业开发区其工业总产值同比增长 3.85%，税收收入同比增长 21.37%，出口创汇同比增长 15.92%；吴江经济技术开发区和湛江经济技术开发区在保持经济稳定增长的同时，在社会发展发面也有所突破，频繁的正面曝光使园区享有较高的社会声誉，吴江经济技术开发区 2014 年社会发展指标排名从 2013 年的 105 名跃升到了第 42 名。

——综合排名前百强的经开区，东部经开区排名数量和均值占绝对优势。数量上，东部 35 家，占比 70%；中部 9 家，占比 18%；西部 6 家，占比 12%。综合得分方面，东部经开区为 10.755 4，占百强经开区的 70.88%；中部经开区为 2.838 7，占百强经开区的 18.71%；西部经开区为 1.579 1，占百强经开区的 10.41%。可见东部百强榜经开区综合得分具有明显优势，为中西部综合得分之和的 2.43 倍，见图 5 - 7。从百强榜中各地域经济技术产业开发区综合得分的均值来看，中部经开区平均得分为 0.315 4，其次是东部经开区平均得分为 0.309 5，中东部均高于百强经开区的平均值 0.303 5；西部经开区平均得分为 0.263 2，低于百强经开区平均值，见图 5 - 8。

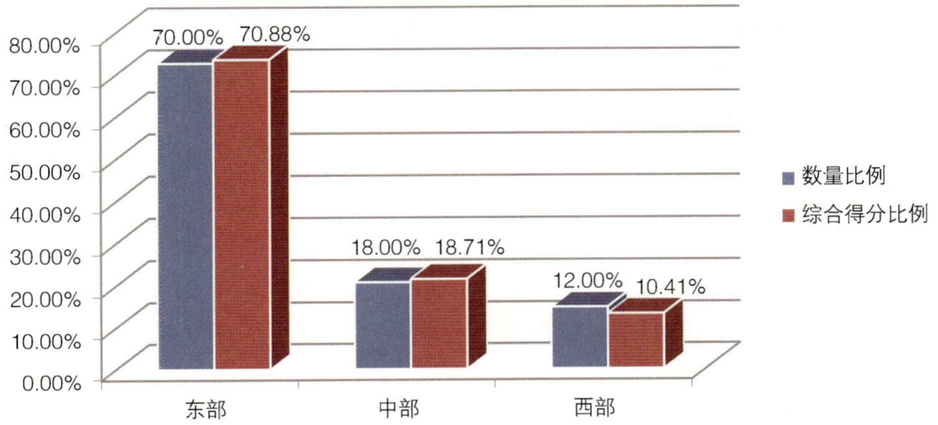

图 5－7　经开区各区域数量比例及综合得分比例

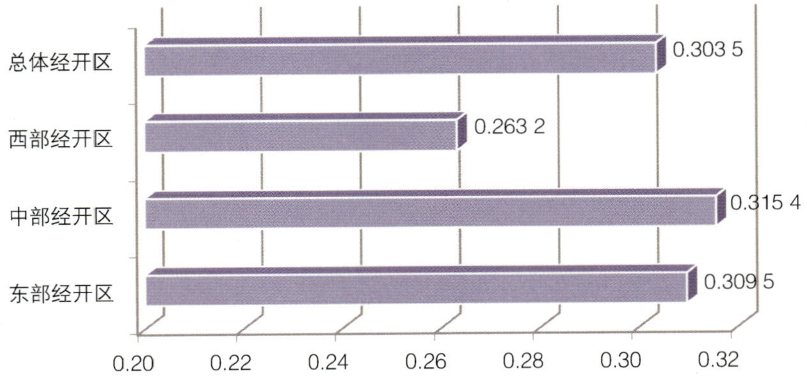

图 5－8　经开区各区域均值对比

5.2.2　经济技术开发区前 10 强排名分析

——前 10 强经开区中，前 3 强仍然是苏州工业园区、天津经济技术开发区、广州经济技术开发区。苏州工业园区以 0.534 4 的绝对得分优势位居榜首，是第 2 名天津经济技术开发区得分的 1.09 倍，是第 10 名烟台经济技术开发区的 1.53 倍，说明前 10 强经开区相互之间的得分差距不大。前 10 强经开区综合得分总和为 4.158 8，占百强榜经开区得分总和的 27.41%，平均得分为 0.415 9，比综合排名进入百强的经济技术开发区的平均得分 0.303 5 高出 37.04%，说明先进经济技术开发区比经济技术开发区的平均水平要高很多，见表 5－7。

表 5－7　经济技术开发区前 10 强排名与得分

排名	经开区名称	省市	区域	综合得分	百强榜排名
1	苏州工业园区	江苏	东	0.534 4	3
2	天津经济技术开发区	天津	东	0.489 8	4
3	广州经济技术开发区	广东	东	0.460 9	5
4	青岛经济技术开发区	山东	东	0.428 2	7
5	昆山经济技术开发区	江苏	东	0.396 8	10
6	大连经济技术开发区	辽宁	东	0.392 9	11
7	漕河泾经济技术开发区	上海	东	0.381 1	12
8	武汉经济技术开发区	湖北	中	0.366 4	14
9	北京经济技术开发区	北京	东	0.358 8	17
10	烟台经济技术开发区	山东	东	0.349 5	18

——经开区前 10 强中，9 家位于东部，仅 1 家在中部，说明先进经济技术开发区基本全部分布在东部。我国经济技术开发区发展历程是从沿海、沿江城市开始逐渐向内陆中心城市推进，可以看出目前经开区在东中西部之间发展不均衡。

5.2.3　经济技术开发区单项指标排名分析

1. 经济发展指标

——经济发展指标第 1 名的天津经济技术开发区得分具有绝对优势，苏州工业园区、广州经济技术开发区和昆山经济技术开发区为第二梯队，其余相邻名次间差距较小，呈现连续性分布特征。天津经济技术开发区经济发展指标得分为 0.146 3，是第 2 名苏州工业园区的 1.34 倍，是第 10 名嘉兴经济技术开发区的 2.78倍。具体来看，天津经济技术开发区 2014 年工业总产值达 9 077.91 亿元，同比增长 12.5%，出口创汇 221.25 亿美元，同比增长 9.9%。广州经济技术产业开发区进入前 3 强的主要原因是其各经济指标均呈平稳增长趋势，见表 5－8。

表 5－8　经开区经济发展指标前 10 强排名与得分

排名	经开区名称	省市	区域	指标得分
1	天津经济技术开发区	天津	东	0.146 3
2	苏州工业园区	江苏	东	0.109 4

续表

排名	经开区名称	省市	区域	指标得分
3	广州经济技术开发区	广东	东	0.105 0
4	昆山经济技术开发区	江苏	东	0.100 5
5	青岛经济技术开发区	山东	东	0.087 0
6	武汉经济技术开发区	湖北	中	0.086 7
7	烟台经济技术开发区	山东	东	0.076 4
8	大连经济技术开发区	辽宁	东	0.072 0
9	广州南沙济技术开发区	广东	东	0.056 5
10	嘉兴经济技术开发区	浙江	东	0.052 5

——从区域分布来看，东部园区在经济发展指标上均具有绝对数量和得分优势。从数量上看，东部有 9 家，中部仅 1 家。从各区域的均值来看，9 家东部经开区经济发展指标得分的均值为 0.089 5，仍高于中部经开区得分 0.086 7。可以看出，在经济发展排名前 10 的经开区中，东部经济发展指标在平均水平上持续保持绝对优势。

2. 创新发展指标

——创新发展指标第 1 名仍是苏州工业园区，属第一梯队。南昌经济技术开发区和青岛经济技术开发区为第二梯队。其余相邻名次间差距较小，呈现连续性分布特征。突出的创新成果与丰富的创新资源是苏州工业园区创新发展的一贯优势，2014 年苏州工业园区创新发展得分为 0.096 4，是第 3 名青岛经济技术开发区得分0.051 0的 1.89 倍，是第 10 名芜湖经济技术开发区得分 0.035 6 的 2.71 倍，表明排名靠前园区的创新发展指标相互之间差距较大，见表 5－9。

表 5－9　经开区创新发展指标前 10 强排名与得分

排名	经开区名称	省市	区域	指标得分
1	苏州工业园区	江苏	东	0.096 4
2	南昌经济技术开发区	江西	中	0.067 6
3	青岛经济技术开发区	山东	东	0.051 0
4	合肥经济技术开发区	安徽	中	0.046 3
5	大连经济技术开发区	辽宁	东	0.044 1
6	漕河泾经济技术开发区	上海	东	0.039 1

续表

排名	经开区名称	省市	区域	指标得分
7	南京经济技术开发区	江苏	东	0.038 3
8	广州经济技术开发区	广东	东	0.038 3
9	廊坊经济技术开发区	河北	东	0.036 9
10	芜湖经济技术开发区	安徽	中	0.035 6

——从区域分布来看，东部园区在创新发展指标上占据数量与均值方面的优势，西部没有园区进入前 10 强。从数量上来看，东部有 7 家，中部 3 家，东部比中部具有一定数量优势；从各区域均值来看，7 家东部经开区创新发展指标得分的均值为 0.049 1，3 家中部经开区创新发展指标得分的均值为 0.049 9，说明中部创新发展在平均水平上正在赶超东部。

3. 产业合作指标

——产业合作指标前 10 强经开区之间得分差距不明显，整体基本上呈连续分布状态。第 1 名上海漕河泾经济技术开发区得分 0.088 6，第 10 名天津经济技术开发区得分 0.080 3，见表 5 - 10。漕河泾经济技术开发区凭借其在产业合作指标上的突出表现，超越广州经开区跃居榜首，该园区先后建立“一区八园二分区”，缔结 18 个国际友好园区、40 个国内友好园区，接纳 20 个省、自治区、直辖市和对口支援地区入住漕河泾开发区共建“产业转移促进中心”等项目。

表 5 - 10　经开区产业合作指标前 10 强排名与得分

排名	经开区名称	省市	区域	指标得分
1	漕河泾经济技术开发区	上海	东	0.088 6
2	广州经济技术开发区	广东	东	0.088 4
3	郑州经济技术开发区	河南	中	0.087 3
4	长春经济技术开发区	吉林	中	0.086 7
5	昆山经济技术开发区	江苏	东	0.085 3
6	马鞍山经济技术开发区	安徽	中	0.084 0
7	烟台经济技术开发区	山东	东	0.083 3
8	苏州工业园区	江苏	东	0.082 3
9	南通经济技术开发区	江苏	东	0.081 3
10	天津经济技术开发区	天津	东	0.080 3

——从区域分布来看，东部园区在产业合作指标上占据数量与均值方面的优势，西部没有园区进入前 10 强。从产业合作指标前 10 强的高新区的区域分布情况来看，东部有 7 家，中部 3 家，东部园区仍然具有绝对数量优势；从各区域的均值来看，7 家东部经开区产业合作指标得分的均值为 0.084 2，3 家中部经开区产业合作指标得分的均值为 0.086 0，说明中部产业合作指标平均水平高于东部。

4. 公共服务指标

——公共服务指标前 10 强经开区得分差距不明显，整体基本上呈连续分布状态。第 1 名广州经济技术开发区得分 0.097 3，第 10 名苏州工业园区得分 0.079 6，见表 5 - 11。广州经济技术开发区在具备良好区位优势的基础上，继续不断完善组织结构与园区网站信息，同时在园区检测和认证中心的评定中表现稳定，使其继续占据榜首之位。

表 5 - 11　经开区公共服务指标前 10 强排名与得分

排名	经开区名称	省市	区域	指标得分
1	广州经济技术开发区	广东	东	0.097 3
2	广州南沙经济技术开发区	广东	东	0.095 2
3	北京经济技术开发区	北京	东	0.090 5
4	天津经济技术开发区	天津	东	0.089 6
5	漕河泾经济技术开发区	上海	东	0.089 3
6	宁波经济技术开发区	浙江	东	0.089 1
7	哈尔滨经济技术开发区	黑龙江	中	0.086 4
8	兰州经济技术开发区	甘肃	西	0.086 4
9	长春经济技术开发区	吉林	中	0.080 2
10	苏州工业园区	江苏	东	0.079 6

——从区域分布来看，东部园区在公共服务指标上占据数量与均值方面的优势。从数量上来看，东部有 7 家，中部 2 家，西部 1 家，东部具有绝对数量优势；从各区域的均值来看，7 家东部经开区公共服务指标得分的均值为 0.090 1，2 家中部经开区公共服务指标得分的均值为 0.083 3，西部只有 1 家，其均值不能说

明问题。可以看出，在公共服务排名前 10 的经开区中，东部在平均水平上略微高于中部。

5. 社会发展指标

——社会发展指标第 1 名苏州工业园区得分具有绝对优势，除前 3 强园区差异较大外，其余呈现连续性分布特征。社会发展前 3 强为苏州工业园区、天津经济技术开发区、青岛经济技术开发区。除前 3 名园区有较大的差距，其余相邻产业园区排名之间基本上呈连续分布状态，见表 5 - 12。

表 5 - 12　经开区社会发展指标前 10 强排名与得分

排名	经开区名称	省市	区域	指标得分
1	苏州工业园区	江苏	东	0. 166 6
2	天津经济技术开发区	天津	东	0. 143 3
3	青岛经济技术开发区	山东	东	0. 140 8
4	大连经济技术开发区	辽宁	东	0. 135 2
5	昆山经济技术开发区	江苏	东	0. 134 7
6	烟台经济技术开发区	山东	东	0. 134 6
7	北京经济技术开发区	北京	东	0. 134 5
8	漕河泾经济技术开发区	上海	东	0. 133 8
9	武汉经济技术开发区	湖北	中	0. 133 4
10	沈阳经济技术开发区	辽宁	东	0. 132 6

——社会发展指标排名前 10 强的园区中，东部占 9 家，中部仅 1 家。可以看出东部在社会发展的竞争力上显著优于中西部。

5.3　高新技术产业开发区与经济技术开发区对比分析

5.3.1　高新技术产业开发区与经济技术开发区总体状况对比

——综合排名百强榜中，经开区与高新区前百强各占 50 家，但高新区的总体得分略高于经开区。综合排名前百强的高新技术产业开发区总共有 50 家，平均得分为 0.308 7，略高于百强产业园区的得分均值 0.306 1。综合排名前百强的经济技术开发区总共有 50 家，平均得分为 0.303 5，略低于百强产业园区的得分均值。

——东部高新区、经开区相比其他区域占绝对优势，但东部高新区均值高于东部经开区。从高新区和经开区各区域的绝对数量和综合得分来看，东部经开区数量、综合得分均高于东部高新区，而中、西部经开区数量、综合得分均低于中部高新区，见图 5－9 和图 5－10。这说明虽然东部经开区在持续发展竞争力的综合水平上高于高新区，但中部及西部经开区在持续发展竞争力的综合水平上低于高新区。从高新区和经开区的区域平均水平来看，综合排名前百强的高新区在东部及西部的得分均值高于综合排名前百强的经开区，在中部的得分均值低于综合排名前百强的经开区，见图 5－11，说明东部及西部高新区在持续发展

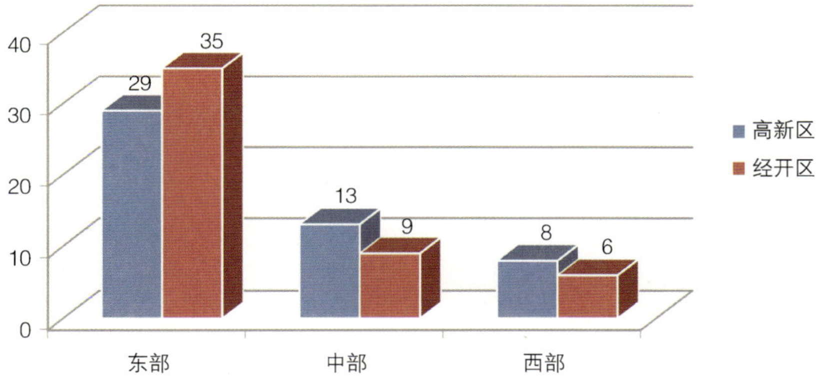

图 5－9　高新区和经开区分布在各区域的数量比较

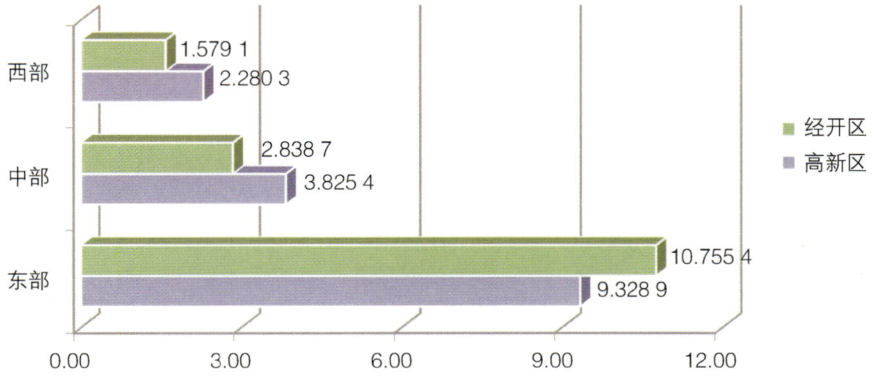

图 5－10　高新区和经开区分布在各区域的综合得分比较

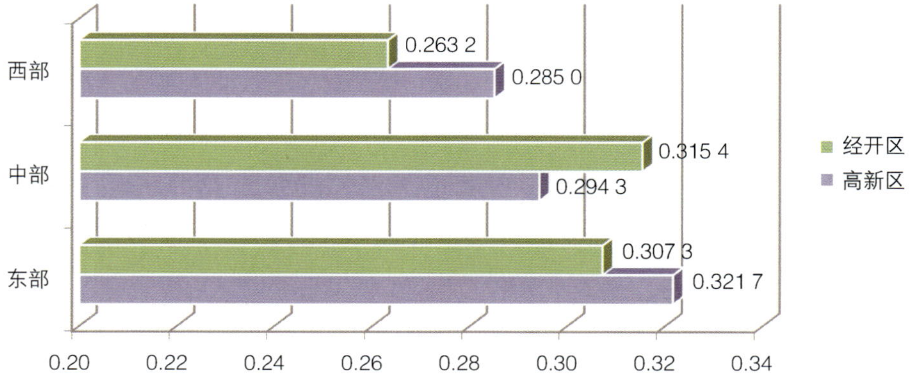

图 5-11　高新区和经开区各区域的均值比较

竞争力的平均水平上高于经开区，而中部经开区在持续发展竞争力的平均水平上高于高新区。

5.3.2　高新技术产业开发区与经济技术开发区前 10 强对比

——高新区前 10 强均值、增速均高于经开区。从高新技术产业开发区和经济技术开发区前 10 强的得分均值来看，高新区前 10 强的得分均值为 0.462 3，经开区得分均值 0.415 9，高新区高于经开区，见图 5-12。从高新技术产业开发区和经济技术开发区前 10 强得分均值的增速来看，经开区前 10 强综合指标得分

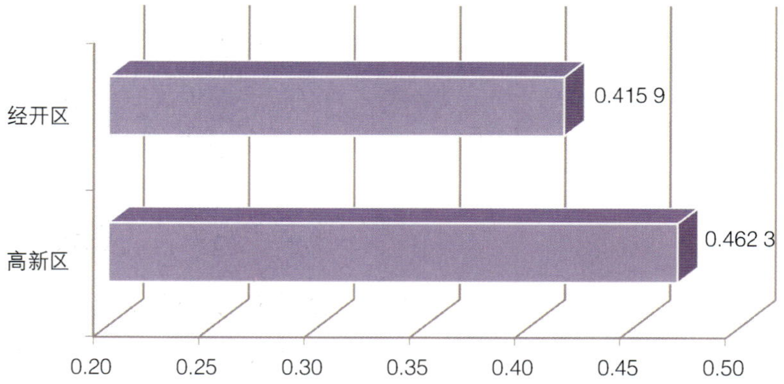

图 5-12　高新区和经开区前 10 强得分均值

均值出现负增长，均值同比下降 5.03%，而高新区前 10 强综合指标得分均值增长 1.62%，见图 5 - 13。

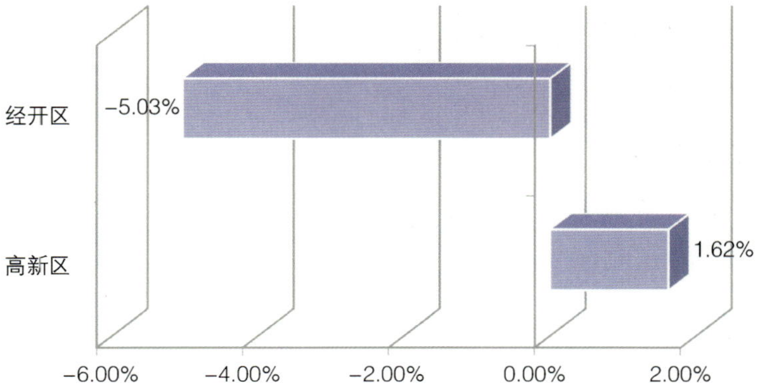

图 5 - 13　高新区和经开区前 10 强综合指标均值增长对比

——高新区前 10 强集中于东部、中部地区，经开区东部地区占绝对优势，且高新区各地区均值均高于经开区。从数量分布情况来看，高新区前 10 强主要集中于东部和中部，且在东部、中部分布相对均匀；经开区前 10 强除武汉经济技术开发区外全部集中于东部，东部经开区具有明显数量优势，见图 5 - 14。从均值比较来看，高新区前 10 强在东部的园区平均得分 0.603 7，经开区平均得分 0.421 4，高新区高于经开区，见图 5 - 15。虽然前 10 强经开区在东部有数量优势，但其持续发展竞争力的平均水平相比较而言低于前 10 强高新区。

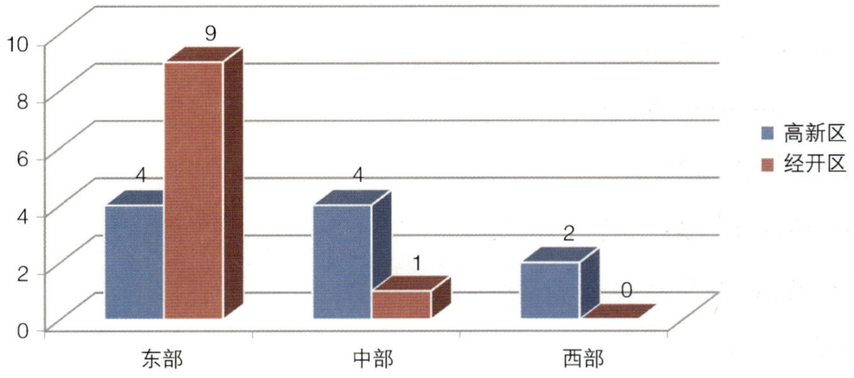

图 5 - 14　高新区和经开区前 10 强区域分布

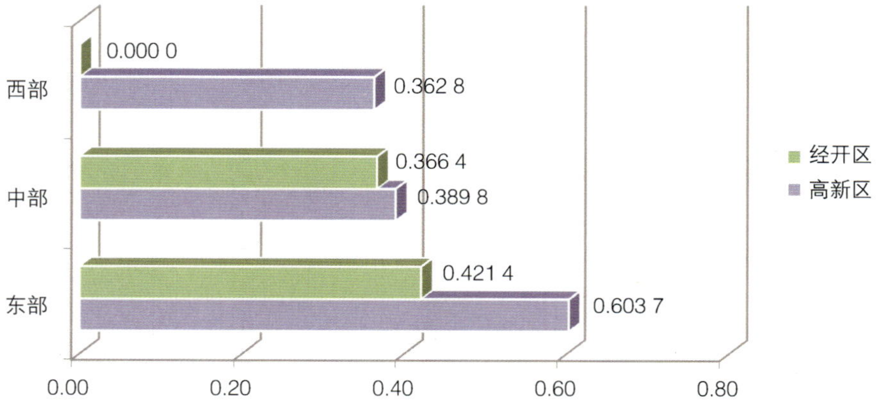

图 5-15　高新区和经开区前 10 强各区域均值比较

5.4　类别排名 2013—2014 年度对比分析

5.4.1　高新区排名状况对比

——与 2013 年相比较，2014 年百强榜的高新区数量未发生变化，平均得分有所下降，差距进一步拉大。2014 年有 50 家高新技术产业开发区进入综合排名百强榜，与 2013 年持平；进入综合排名百强榜的高新区平均得分从 0.320 0 下降到 0.308 7，百强高新区综合指标得分增长率为 -3.53%，但高于百强产业园区综合指标得分均值的增长率为 -4.85%。与 2013 年相比，2014 年进入综合排名百强榜的高新技术产业开发区变异系数从 0.285 9 提高到 0.406 3，并且远高于 2014 年百强产业园区的变异系数 0.324 1，见表 5-13。

表 5-13　2013—2014 高新区持续发展竞争力总指标得分对比

高新区	2013 年	2014 年	增长率
园区个数	50	50	0.00%
总得分	15.998 8	15.434 5	-3.53%
平均得分	0.320 0	0.308 7	-3.53%
前 10 强总得分	4.549 1	4.667 2	2.60%
变异系数	0.285 9	0.406 3	42.11%

——高新区前 3 强未发生变动。前 3 强分别为北京中关村国家自主创新示范区、上海张江国家自主创新示范区、武汉东湖国家自主创新示范区。中关村国家自主创新示范区以绝对优势位居第 1 名，以 31.79% 的增长实现了较快的年度发展，上海张江国家自主创新示范区以 14.44% 的增长率综合得分高于 2013 年，而第 3 名武汉东湖国家自主创新示范区综合得分下降 9.91%。

——高新区前 10 强单项指标平均得分增降不一，创新发展以及公共服务指标较 2013 年有较大幅度上涨。高新区前 10 强公共服务与创新发展指标有较大增长，同比增长率超过 20%，经济发展指标同比增长 6.48%。而产业合作指标则出现较大幅度的下降，同比增长率为 -21.49%，社会发展指标与 2013 年平均得分则基本持平，见表 5-14 与图 5-16。

表 5-14　2013—2014 高新区前 10 强单项指标平均得分对比

高新区	2013 年	2014 年	增长率
经济发展	0.0828	0.0882	6.48%
创新发展	0.0524	0.0655	24.99%
产业合作	0.1214	0.0953	-21.49%
公共服务	0.0743	0.0944	27.03%
社会发展	0.1240	0.1234	-0.52%

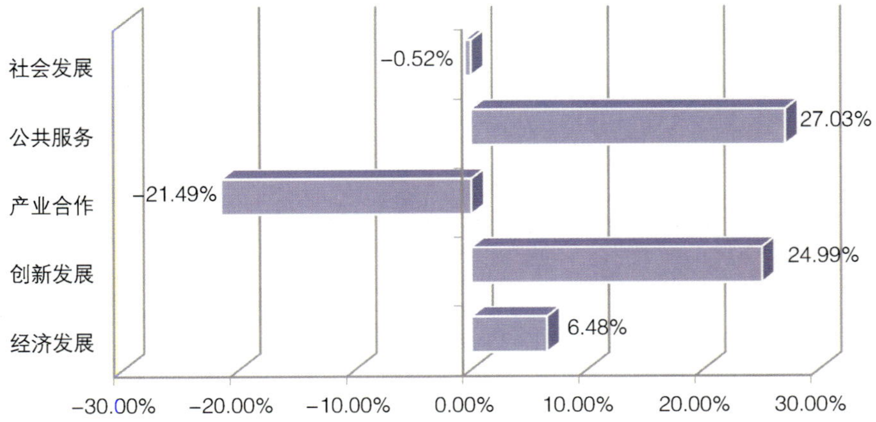

图 5-16　高新区前 10 强单项指标平均得分增长率对比

——前 10 强高新区综合指标得分与 2013 年相比较有增有减。其中，中关村国家自主创新示范区、上海张江国家自主创新示范区、长春高新技术产业开发区以及郑州高新技术产业开发区综合指标得分有所提高，其余高新区综合指标得分均出现不同程度的下降，见图5－17。

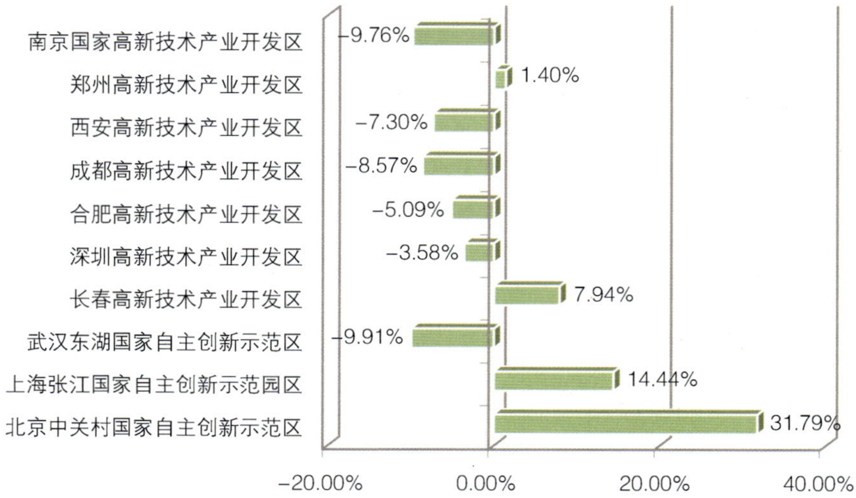

图5－17　高新区前10强综合得分增长比例

——2014年4家园区新进高新区经济发展指标前10强排行榜。这些高新区是深圳高新技术产业开发区、郑州高新技术产业开发区、天津滨海高新技术产业开发区、南京国家高新技术产业开发区，而昆山高新技术产业开发区、江阴高新技术产业开发区、惠州仲恺高新技术产业开发区、佛山高新技术产业开发区则退出经济发展指标前10强榜单。

——2014年2家园区新进高新区创新发展指标前10强排行榜。这2家园区是桂林高新技术产业开发区、芜湖高新技术产业开发区，分列第9名、第10名，而绵阳高新技术产业开发区、天津滨海高新技术产业开发区则退出创新发展指标前10强。

——2014年2家园区新进高新区公共服务指标前10强排行榜。这2家园区是江门高新技术产业开发区、苏州国家高新技术产业开发区，而惠州仲恺高新技术产业开发区、郑州高新技术产业开发区则退出经济发展指标前10强。

——2014年2家园区新进高新区社会发展指标前10强排行榜。这2家园区是天津滨海高新技术产业开发区、宁波高新技术产业开发区，而常州国家高新技术产业开发区、成都高新技术产业开发区则退出社会发展指标前 10 强，变动主要受媒体曝光度以及园区品牌宣传的影响。

5.4.2　经开区排名状况对比

——与 2013 年相比较，2014 年百强榜经开区数量未发生变化，平均得分有所下降，差距进一步拉大。2014 年有 50 家经济技术开发区进入综合排名百强榜，与 2013 年持平；进入综合排名百强榜的经开区平均得分从 0.323 3 下降到 0.303 5，百强经开区综合指标得分均值增长率为 −6.12%，低于百强产业园区综合指标得分均值增长率为 −4.85%，与 2013 年相比，2014 年进入综合排名百强榜的经济技术开发区变异系数从 0.219 1 提高到 0.224 7，低于 2014 年百强产业园区变异系数 0.325 4，见表 5 − 15。

表 5 − 15　2013—2014 经开区持续发展竞争力总指标得分对比

经开区	2013 年	2014 年	增长率
园区个数	50	50	0.00%
总得分	16.167 2	15.173 2	−6.15%
平均得分	0.323 3	0.303 5	−6.12%
前 10 强总得分	4.379 3	4.158 8	−5.04%
变异系数	0.219 1	0.224 7	2.56%

——经开区前 3 强未发生变动。前 3 强分别为苏州工业园区、天津经济技术开发区和广州经济技术开发区。苏州工业园区以绝对优势位居第 1 名，以 1.48% 的增长实现了较快的年度发展，天津经济技术开发区以 0.41% 的增长率综合得分高于 2013 年，而第 3 名广州经济技术开发区综合得分增长率为 −5.18%。

——经开区前 10 强单项指标平均得分升降不一，创新发展、公共服务及社会发展指标得分有所增长，而经济发展和产业合作指标则出现较大幅度下降。经开区前 10 强公共服务指标有较大增长，同比增长率超过 15%，创新发展和社会发展指标增长率分别为 8.81% 和 2.06%。而产业合作指标则出现较大幅度的下降，同比增长率为 −28.74%，经济发展指标得分同比增长率为 −15.29%，见表 5−16 与图 5−18。

表 5−16　2013—2014 经开区前 10 强单项指标平均得分对比

经开区	2013 年	2014 年	增长率
经济发展	0.1053	0.0892	−15.29%
创新发展	0.0454	0.0494	8.81%
产业合作	0.1190	0.0848	−28.74%
公共服务	0.0763	0.0884	15.86%
社会发展	0.1362	0.1390	2.06%

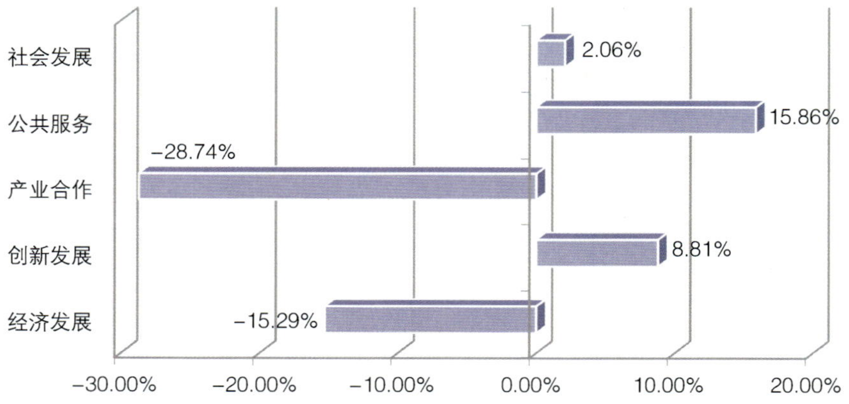

图 5−18　经开区前 10 强单项指标平均得分增长率对比

——经开区前 10 强中，除第 1 名苏州工业园区和第 2 名天津经济技术开发区综合得分略有增长，其他园区综合得分均下降。苏州工业园区综合得分增长率为 1.48%，天津经济技术开发区综合得分增长率为 0.40%，综合得分下降的园区中，武汉经济技术开发区下降幅度最大，达到 16.18%，见图 5−19。

——2014 年 3 家园区进入经开区经济发展指标前 10 强。这些经开区分别是烟台经济技术开发区、大连经济技术开发区、嘉兴经济技术开发区，而兰州经济技术开发区、西安经济技术开发区、温州经济技术开发区退出经济发展指标前 10 强。

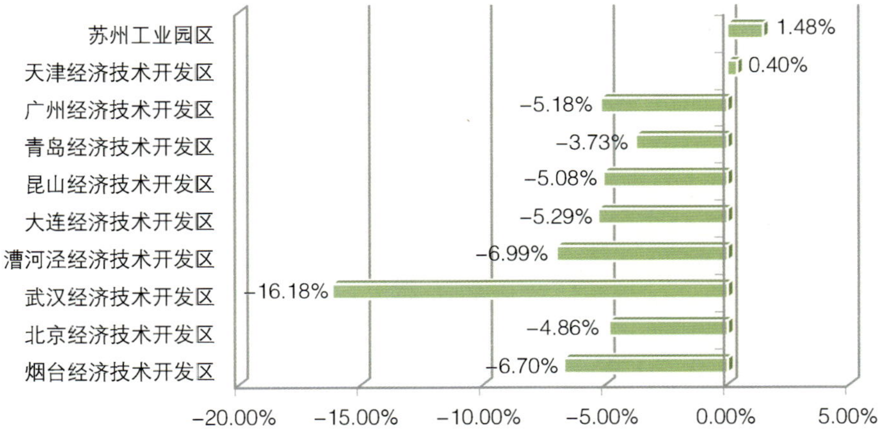

图 5－19 经开区前 10 强综合指标得分增长率

——2014 年廊坊经济技术开发区进入创新发展指标前 10 强，而兰州经济技术开发区则退出创新发展指标前 10 强。主要原因仍然是创新成果的变化，前者主要得益于创新成果增长速度的提高以及创新平台的增加，后者则归因于创新成果的薄弱。

——2014 年天津经济技术开发区进入产业合作指标前 10 强。天津经济技术开发区凭借其在上市公司产业龙头数的略微优势把厦门海沧经济技术开发挤出前 10 强之列，得分正好排名第 10。

——2014 年长春经济技术开发区、珠海经济技术开发区进入公共服务指标前 10 强。主要原因是这些园区在组织结构高效完善、信息公布公开方面有了较大程度的改善；而廊坊经济技术开发区、成都经济技术开发区则退出公共服务指标前 10 强。

——2014 年武汉经济技术开发区、沈阳经济技术开发区进入社会发展指标前 10 强。主要原因均是因为 2014 年其媒体正面曝光率较高，正面品牌宣传较多，对园区品牌形象的塑造比较关注；而广州经济技术开发区、南京经济技术开发区则退出社会发展指标前 10 强。

附　录

I 中国产业园区持续发展评价指标体系构建

一、持续发展评价指标体系的构建理念

(1) 重视持续发展。在政府外力驱动下，产业园区主要依靠"招商引资"的粗放型建设发展模式，缺乏内生动力，自主创新能力不足，不具有发展的持续性。现有的评价体系主要关注了园区发展的经济结果，相对忽视了园区未来发展的潜力，对内涵性发展指标例如增长率、研发投入、企业间互动合作、人才培训等重视不足。本报告重视生态环境、社会和谐、产业优化以及企业创新等内生源动力，并将其作为衡量产业园区持续发展的关键要素。

(2) 形成统一评价。产业园区可以根据功能、地域等标准划分为不同的类别，现有对产业园区的评价指标体系也基本是针对某类园区进行专门性评价，难以对中国产业园区进行全面统一观测。本报告在深入研究各类园区特征以及共同协同优化发展的基础上，形成一套指标体系对中国产业园区进行统一评价。

(3) 强调"三聚"路径。产业园区的协同优化发展对园区战略定位与主导产业设计提出了要求，政府部门或园区管理机构需要在园区发展中科学规划、合理引导。本报告依循产业园区的发展规律，提出了以"聚核"确定主导产业并吸引核心企业、以"聚链"拓展纵向产业链和横向服务链、以"聚网"打造公共平台并进行体系建设的"三聚"发展路径。

二、持续发展评价指标体系的内涵

(1) 从指标设置来看。持续发展的评价指标,主要可分为基量指标和增量指标两类。其中,基量指标用以衡量园区过去及现有的实力,而增量指标则用以衡量园区现在及未来的发展能力。

(2) 从研究范围来看。持续发展评价指标体系的研究不仅仅是园区内的企业或是产业,而是包括企业、产业、基础设施及社区服务平台等在内的综合性对象。

(3) 从评价功能来看。持续发展评价指标体系强调,园区的功能不单单是提供促进经济增长的平台和途径,更在于其所承担的社会责任和环境责任。因而,评价一个园区的优劣,不能只看经济指标,还应综合考察其社会和环境方面的指标。

三、持续发展评价指标体系的构建原则

(1) 科学性原则。指标体系要反映持续发展的科学内涵,同时每一个指标都应该科学地反映系统整体的某一个侧面。

(2) 可行性原则。评价指标应具有可测性和可比性,而且计算方法不应太复杂,所需数据应该有可能获得。

(3) 独立性原则。指标体系中的各指标之间应保持相互独立。

(4) 完备性原则。指标体系应该能够反映被评价系统的主要特征,以比较全面和完整地反映被评价系统的整体状况。

(5) 简洁性原则。在完备性原则的基础上,应使指标体系尽可能简化,这样可以使指标体系容易为人们所理解和采用。

(6) 层次性原则。根据评价需要,应使指标体系具有合理和清晰的层次和结构,层次的划分可根据指标的重要性或指标的属性得以完成。

(7) 可接受性原则。应使指标体系中的各项指标能为大多数人所理解或接受,尤其是比较重要的指标更应如此。

(8) 稳定性原则。在一定时期内,指标体系的指标内容应保持相对的稳定,

这样可以比较容易地分析和比较被评价系统发展过程或状况。

四、持续发展评价指标体系的内容

根据上述分析，我们最终得到了中国产业园区持续发展评价指标体系，如附录表所示：

附录表 中国产业园区持续发展评价指标体系

一级指标	二级指标	涵 义
一、经济发展	经济实力	园区当年度创造的 GDP 总量、工业总产值等反映其经济体量的相关指标
	经济增长	园区当年度相关经济实力指标的同比增长情况
二、创新发展	创新资源	园区内大专院校、科研机构等
	创新平台	园区内国家级工程技术研究中心
	创新成果	园区所拥有的专利授权数
三、产业合作	企业集聚度	园区内产业相关、分工协作等企业集群的成熟程度
	园区合作状况	园区内部、园区之间的合作水平、合作强度等
四、公共服务	区位优势	园区所在地的地理优势、交通状况等
	园区组织结构	园区组织机构(管委会等相关部门)的设置情况
	配套服务机构	园区内检测、认证及相关中介服务等机构的建设
五、社会发展	环境保护	园区在环境保护方面的认证或相关政策制定状况
	社会声誉	国家相关部门、社会媒体等对园区现有的评价状况

五、持续发展指标体系的运用方法

(1) 数据搜集。以 501 家国家级产业园区为对象，针对持续发展指标体系进行原始数据的调查与收集。

(2) 专家打分。对定性指标的测量结果采取专家打分的方法进行赋值，将定性指标加以量化。至此，所有的指标数据都以数值形式呈现，标记为 X_i。

(3) 无纲量化。对所有指标的测量结果进行无纲量化，将每一个指标数据除以该项指标数值的最大值，得到园区单项指标得分值。

(4) 园区评分。将每一个产业园区的所有单项指标得分按照各自的权重加权平均求和，得到该产业园区的综合得分。

(5) 综合排名。以所有产业园区的综合得分为依据，针对总体情况以及各分类情况，对园区进行持续发展竞争力排名。

II 中国国家级产业园区名录

一、国家级经济技术开发区 219 家

1. 东部地区分布：107 家

名称	批复时间（年）	名称	批复时间（年）
辽宁 9 家			
大连经济技术开发区	1984	营口经济技术开发区	1992
沈阳经济技术开发区	1993	大连长兴岛经济技术开发区	2010
锦州经济技术开发区	1992	盘锦辽滨沿海经济技术开发区	2013
沈阳辉山经济技术开发区	1993	铁岭经济技术开发区	2014
旅顺经济技术开发区	2014		
北京 1 家			
北京经济技术开发区	1994		
天津 6 家			
天津经济技术开发区	1984	西青经济技术开发区	2010
武清经济技术开发区	2010	天津子牙经济技术开发区	2012
北辰经济技术开发区	2013	东丽经济技术开发区	2014
河北 6 家			
秦皇岛经济技术开发区	1984	廊坊经济技术开发区	2009
沧州临港经济技术开发区	2010	藁城经济技术开发区	2013
唐山曹妃甸经济技术开发区	2013	邯郸经济技术开发区	2013
山东 15 家			
青岛经济技术开发区	1984	烟台经济技术开发区	1984
威海经济技术开发区	1992	东营经济技术开发区	2010
日照经济技术开发区	2010	潍坊滨海经济技术开发区	2010
邹平经济技术开发区	2010	临沂经济技术开发区	2010
招远经济技术开发区	2011	德州经济技术开发区	2012
明水经济技术开发区	2012	胶州经济技术开发区	2012

续表

名称	批复时间(年)	名称	批复时间(年)
聊城经济技术开发区	2013	滨州经济技术开发区	2014
威海临港经济技术开发区	2013		
江苏　26家			
南通经济技术开发区	1984	连云港经济技术开发区	1984
昆山经济技术开发区	1992	苏州工业园区	1994
南京经济技术开发区	2002	扬州经济技术开发区	2009
徐州经济技术开发区	2010	镇江经济技术开发区	2010
吴江经济技术开发区	2010	江宁经济技术开发区	2010
常熟经济技术开发区	2010	淮安经济技术开发区	2010
盐城经济技术开发区	2010	锡山经济技术开发区	2011
太仓港经济技术开发区	2010	张家港经济技术开发区	2011
海安经济技术开发区	2012	靖江经济技术开发区	2012
宜兴经济技术开发区	2013	宿迁经济技术开发区	2013
海门经济技术开发区	2013	如皋经济技术开发区	2013
吴中经济技术开发区	2014	浒墅关经济技术开发区	2014
沭阳经济技术开发区	2014	相城经济技术开发区	2014
上海　6家			
闵行经济技术开发区	1986	虹桥经济技术开发区	1986
上海漕河泾新兴技术开发区	1988	上海金桥出口加工区	1990
上海化学工业经济技术开发区	2012	松江经济技术开发区	2014
浙江　21家			
宁波经济技术开发区	1984	温州经济技术开发区	1992
宁波大榭开发区	1993	杭州经济技术开发区	1993
萧山经济技术开发区	1993	嘉兴经济技术开发区	2010
湖州经济技术开发区	2010	绍兴袍江经济技术开发区	2010
宁波石化经济技术开发区	2010	长兴经济技术开发区	2010
金华经济技术开发区	2011	嘉善经济技术开发区	2011
衢州经济技术开发区	2011	义乌经济技术开发区	2012
杭州余杭经济技术开发区	2012	绍兴柯桥经济技术开发区	2012
富阳经济技术开发区	2012	平湖经济技术开发区	2013
杭州湾上虞经济技术开发区	2014	慈溪经济技术开发区	2014
丽水经济技术开发区	2014		
福建　10家			
福州经济技术开发区	1985	厦门海沧台商投资区	1989
福清融侨经济技术开发区	1992	东山经济技术开发区	1993

续表

名称	批复时间(年)	名称	批复时间(年)
漳州招商局经济技术开发区	2010	泉州经济技术开发区	2010
漳州台商投资区	2012	泉州台商投资区	2012
龙岩经济技术开发区	2012	东侨经济技术开发区	2012
广东　6 家			
湛江经济技术开发区	1984	广州经济技术开发区	1984
广州南沙经济技术开发区	1993	惠州大亚湾经济技术开发区	1993
增城经济技术开发区	2010	珠海经济技术开发区	2012
海南　1 家			
海南洋浦经济开发区	1992		

2. 中部地区分布:66 家

名称	批复时间(年)	名称	批复时间(年)
山西　4 家			
太原经济技术开发区	2001	大同经济技术开发区	2010
晋中经济技术开发区	2012	晋城经济技术开发区	2013
内蒙古　3 家			
呼和浩特经济技术开发区	2000	巴彦淖尔经济技术开发区	2013
呼伦贝尔经济技术开发区	2014		
吉林　5 家			
长春经济技术开发区	1993	吉林经济技术开发区	2010
四平红嘴经济技术开发区	2010	长春西新经济技术开发区	2010
松原经济技术开发区	2013		
黑龙江　8 家			
哈尔滨经济技术开发区	1993	宾西经济技术开发区	2010
海林经济技术开发区	2010	哈尔滨利民经济技术开发区	2011
大庆经济技术开发区	2012	绥化经济技术开发区	2012
牡丹江经济技术开发区	2013	双鸭山经济技术开发区	2014
安徽　12 家			
芜湖经济技术开发区	1993	合肥经济技术开发区	2000
马鞍山经济技术开发区	2010	安庆经济技术开发区	2010
铜陵经济技术开发区	2011	滁州经济技术开发区	2011
池州经济技术开发区	2011	六安经济技术开发区	2013
淮南经济技术开发区	2013	宁国经济技术开发区	2013
桐城经济技术开发区	2013	宣城经济技术开发区	2014

续表

名称	批复时间(年)	名称	批复时间(年)
江西　10家			
南昌经济技术开发区	2000	九江经济技术开发区	2010
赣州经济技术开发区	2010	井冈山经济技术开发区	2010
上饶经济技术开发区	2010	萍乡经济技术开发区	2010
南昌小蓝经济技术开发区	2012	宜春经济技术开发区	2013
龙南经济技术开发区	2013	瑞金经济技术开发区	2013
河南　9家			
郑州经济技术开发区	2000	漯河经济技术开发区	2010
鹤壁经济技术开发区	2010	开封经济技术开发区	2010
许昌经济技术开发区	2010	洛阳经济技术开发区	2012
新乡经济技术开发区	2012	红旗渠经济技术开发区	2012
濮阳经济技术开发区	2013		
湖北　7家			
武汉经济技术开发区	1993	黄石经济技术开发区	2010
襄阳经济技术开发区	2010	武汉临空港经济技术开发区	2010
荆州经济技术开发区	2011	鄂州葛店经济技术开发区	2012
十堰经济技术开发区	2012		
湖南　8家			
长沙经济技术开发区	2000	岳阳经济技术开发区	2010
常德经济技术开发区	2010	宁乡经济技术开发区	2010
湘潭经济技术开发区	2011	浏阳经济技术开发区	2012
娄底经济技术开发区	2012	望城经济技术开发区	2014

3. 西部地区分布:46家

名称	批复时间(年)	名称	批复时间(年)
广西　4家			
南宁经济技术开发区	2001	钦州港经济技术开发区	2010
广西—东盟经济技术开发区	2013	中国—马来西亚钦州产业园区	2014
陕西　5家			
西安经济技术开发区	2000	陕西航空经济技术开发区	2010
陕西航天经济技术开发区	2010	汉中经济技术开发区	2012
神府经济技术开发区	2013		
甘肃　5家			
兰州经济技术开发区	2002	金昌经济技术开发区	2010

续表

名称	批复时间(年)	名称	批复时间(年)
天水经济技术开发区	2010	酒泉经济技术开发区	2013
张掖经济技术开发区	2013		
青海　2家			
西宁经济技术开发区	2000	格尔木昆仑经济技术开发区	2012
宁夏　2家			
银川经济技术开发区	2001	石嘴山经济技术开发区	2011
新疆　9家			
乌鲁木齐经济技术开发区	1994	石河子经济技术开发区	2000
库尔勒经济技术开发区	2011	奎屯经济技术开发区	2011
阿拉尔经济技术开发区	2012	五家渠经济技术开发区	2012
准东经济技术开发区	2012	甘泉堡经济技术开发区	2012
库车经济技术开发区	2015		
四川　8家			
成都经济技术开发区	2000	广安经济技术开发区	2010
德阳经济技术开发区	2010	遂宁经济技术开发区	2012
绵阳经济技术开发区	2012	广元经济技术开发区	2012
宜宾临港经济技术开发区	2013	内江经济技术开发区	2013
重庆　3家			
重庆经济技术开发区	1993	万州经济技术开发区	2010
长寿经济技术开发区	2010		
云南　5家			
昆明经济技术开发区	2000	曲靖经济技术开发区	2010
大理经济技术开发区	2012	嵩明杨林经济技术开发区	2013
蒙自经济技术开发区	2013		
贵州　2家			
贵阳经济技术开发区	2000	遵义经济技术开发区	2010
西藏　1家			
拉萨经济技术开发区	2001		

二、国家级高新技术产业开发区 129 家

1. 东部地区分布:64 家

名称	批复时间(年)	名称	批复时间(年)
辽宁　8家			
沈阳高新技术产业开发区	1991	本溪高新技术产业开发区	2010

续表

名称	批复时间(年)	名称	批复时间(年)
大连高新技术产业开发区	1991	营口高新技术产业开发区	2010
鞍山高新技术产业开发区	1992	阜新高新技术产业开发区	2014
辽阳高新技术产业开发区	2010	锦州高新技术产业开发区	2015
北京　1家			
中关村国家自主创新示范区	1988		
天津　1家			
天津滨海高新技术产业开发区	1991		
河北　5家			
石家庄高新技术产业开发区	1991	保定高新技术产业开发区	1992
唐山高新技术产业开发区	2010	燕郊高新技术产业开发区	2011
河北承德高新区	2012		
山东　10家			
威海火炬高技术产业开发区	1991	济南高新技术产业开发区	1991
淄博高新技术产业开发区	1992	青岛高新技术产业开发区	1992
潍坊高新技术产业开发区	1992	济宁高新技术产业开发区	2010
烟台高新技术产业开发区	2010	临沂高新技术产业开发区	2011
泰安高新技术产业开发区	2012	枣庄高新技术产业开发区	2015
江苏　13家			
南京国家高新技术产业开发区	1991	苏州国家高新技术产业开发区	1992
常州国家高新技术产业开发区	1992	无锡国家高新技术产业开发区	1992
苏州工业园区	1994	泰州医药高新技术产业开发区	1996
昆山高新技术产业开发区	2010	江阴高新技术产业开发区	2011
武进高新技术产业开发区	2012	徐州国家高新技术产业开发区	2012
南通高新技术产业开发区	2013	连云港高新技术产业开发区	2015
盐城高新技术产业开发区	2015		
上海　2家			
上海张江高新技术产业开发区	1991	上海紫竹高新技术产业开发区	2011
浙江　6家			
杭州高新技术产业开发区	1991	宁波高新技术产业开发区	2007
衢州高新技术产业开发区	2007	绍兴高新技术产业开发区	2010
温州高新技术产业开发区	2012	萧山临江高新技术产业开发区	2015
福建　7家			
福州高新技术产业开发区	1991	厦门火炬高技术产业开发区	1991
泉州高新技术产业开发区	2010	莆田高新技术产业开发区	2012

续表

名称	批复时间(年)	名称	批复时间(年)
漳州高新技术产业开发区	2014	三明高新技术产业开发区	2015
龙岩高新技术产业开发区	2015		
广东　10 家			
中山火炬高技术产业开发区	1991	广州高新技术产业开发区	1991
佛山高新技术产业开发区	1992	惠州仲恺高新技术开发区	1992
深圳高新技术产业开发区	1996	江门高新技术产业开发区	2010
东莞松山湖高新技术产业园	2010	肇庆高新技术产业开发区	2010
珠海高新技术产业开发区	1992	源城高新技术产业开发区	2015
海南　1 家			
海口高新技术产业开发区	1991		

2. 中部地区分布:36 家

名称	批复时间(年)	名称	批复时间(年)
山西　2 家			
太原高新技术产业开发区	1992	长治高新技术产业开发区	2015
吉林　5 家			
长春高新技术产业开发区	1991	吉林高新技术产业开发区	1992
延吉高新技术产业开发区	2010	长春净月高新技术产业开发区	2012
通化医药高新技术产业开发区	2014		
黑龙江　3 家			
哈尔滨高新技术产业开发区	1991	大庆高新技术产业开发区	1992
齐齐哈尔高新技术产业开发区	2010		
安徽　4 家			
合肥高新技术产业开发区	1991	蚌埠高新技术产业开发区	2010
芜湖高新技术产业开发区	2010	马鞍山慈湖高新技术开发区	2012
江西　5 家			
南昌高新技术产业开发区	1992	新余高新技术产业开发区	2010
景德镇高新技术产业开发区	2010	鹰潭高新技术产业开发区	2012
抚州高新技术产业开发区	2015		
河南　6 家			
郑州高新技术产业开发区	1991	洛阳高新技术产业开发区	1992
安阳高新技术产业开发区	2010	南阳高新技术产业开发区	2010
新乡高新技术产业开发区	2012	平顶山高新技术产业开发区	2015

续表

名称	批复时间(年)	名称	批复时间(年)
湖北 5家			
武汉东湖高新技术开发区	1991	襄阳高新技术产业开发区	1992
宜昌高新技术产业开发区	2010	孝感高新技术产业开发区	2012
荆门高新技术产业开发区	2013		
湖南 6家			
长沙高新技术产业开发区	1991	株洲高新技术产业开发区	1992
湘潭高新技术产业开发区	2009	益阳高新技术产业开发区	2011
衡阳高新技术产业开发区	2012	郴州高新技术产业开发区	2015

3. 西部地区分布:29家

名称	批复时间(年)	名称	批复时间(年)
内蒙古 2家			
包头稀土高新技术产业开发区	1992	金山高新技术产业开发区	2014
广西 4家			
桂林高新技术产业开发区	1991	南宁高新技术产业开发区	1992
柳州高新技术产业开发区	2010	北海高新技术产业开发区	2015
陕西 6家			
西安高新技术产业开发区	1991	宝鸡高新技术产业开发区	1992
杨凌农业高新技术产业示范区	1997	渭南高新技术产业开发区	2010
榆林高新技术产业开发区	2012	咸阳高新技术产业开发区	2012
甘肃 2家			
兰州高新技术产业开发区	1991	白银高新技术产业开发区	2010
青海 1家			
青海高新技术产业开发区	2010		
宁夏 2家			
银川高新技术产业开发区	2010	石嘴山高新技术产业开发区	2014
新疆 3家			
乌鲁木齐高新技术产业开发区	1992	昌吉高新技术产业开发区	2010
石河子高新技术产业开发区	2014		
四川 5家			
成都高新技术产业开发区	1991	绵阳高新技术产业开发区	1992
自贡高新技术产业开发区	2011	乐山高新技术产业开发区	2012
泸州高新技术产业开发区	2015		

续表

名称	批复时间（年）	名称	批复时间（年）
重庆　1 家			
重庆高新技术产业开发区	1991		
云南　2 家			
昆明高新技术产业开发区	1992	玉溪高新技术产业开发区	2012
贵州　1 家			
贵阳高新技术产业开发区	1992		

三、国家级保税区 16 家

1. 东部地区分布：14 家

名称	批复时间（年）	名称	批复时间（年）
辽宁　2 家			
大连保税区	1992	沈阳综合保税区	2011
天津　1 家			
天津港保税区	1991		
山东　1 家			
青岛保税区	1992		
江苏　1 家			
张家港保税区	1992		
上海　1 家			
上海外高桥保税区	1990		
浙江　1 家			
宁波保税区	1992		
福建　2 家			
福州保税区	1992	厦门象屿保税区	1992
广东　4 家			
广州保税区	1992	汕头保税区	1993
深圳保税区	1991	珠海保税区	1996
海南　1 家			
海口保税区	1992		

2. 西部地区分布:2 家

宁夏 1 家			
银川综合保税区	2012		
贵州 1 家			
贵阳综合保税区	2013		

四、国家级出口加工区 63 家

1. 东部地区分布:46 家

名称	批复时间(年)	名称	批复时间(年)
辽宁 3 家			
大连出口加工区	2000	沈阳出口加工区	2003
沈阳(张士)出口加工区	2005		
北京 1 家			
天竺出口加工区	2000		
天津 1 家			
天津出口加工区	2000		
河北 2 家			
秦皇岛出口加工区	2002	廊坊出口加工区	2003
山东 5 家			
烟台出口加工区	2000	威海出口加工区	2000
青岛出口加工区	2003	潍坊出口加工区	2003
济南出口加工区	2003		
江苏 16 家			
昆山出口加工区	2000	苏州工业园区出口加工区	2000
南通出口加工区	2002	无锡出口加工区	2002
连云港出口加工区	2003	镇江出口加工区	2003
苏州高新区出口加工区	2003	南京出口加工区	2003
扬州出口加工区	2005	吴中出口加工区	2005
常州出口加工区	2005	吴江出口加工区	2005
常熟出口加工区	2005	淮安出口加工区	2008
武进出口加工区	2009	泰州出口加工区	2010
上海 6 家			
松江出口加工区	2000	金桥出口加工区	2001

续表

名称	批复时间(年)	名称	批复时间(年)
闵行出口加工区	2003	青浦出口加工区	2003
漕河泾出口加工区	2003	嘉定出口加工区	2005
浙江　4 家			
杭州出口加工区	2000	宁波出口加工区	2002
嘉兴出口加工区	2003	慈溪出口加工区	2005
福建　4 家			
厦门出口加工区	2000	福清出口加工区	2005
泉州出口加工区	2005	福州出口加工区	2005
广东　4 家			
广州出口加工区	2000	深圳出口加工区	2000
惠州出口加工区	2005	南沙出口加工区	2005

2. 中部地区分布:9 家

名称	批复时间(年)	名称	批复时间(年)
吉林　1 家			
珲春出口加工区	2000		
安徽　2 家			
芜湖出口加工区	2002	合肥出口加工区	2010
江西　3 家			
九江出口加工区	2005	南昌出口加工区	2006
赣州出口加工区	2007		
河南　1 家			
郑州出口加工区	2002		
湖北　1 家			
武汉出口加工区	2000		
湖南　1 家			
郴州出口加工区	2005		

3. 西部地区分布:8 家

名称	批复时间(年)	名称	批复时间(年)
内蒙古　1 家			
呼和浩特出口加工区	2002		

续表

名称	批复时间(年)	名称	批复时间(年)
广西　1家			
北海出口加工区	2003		
陕西　1家			
西安出口加工区	2002		
新疆　1家			
乌鲁木齐出口加工区	2003		
四川　2家			
成都出口加工区	2000	绵阳出口加工区	2005
重庆　1家			
重庆出口加工区	2001		
云南　1家			
昆明出口加工区	2005		

五、国家级边境经济开发区16家

1. 东部地区分布:1家

名称	批复时间(年)	名称	批复时间(年)
辽宁　1家			
丹东边境经济合作区	1992		

2. 中部地区分布:3家

名称	批复时间(年)	名称	批复时间(年)
吉林　1家			
珲春边境经济合作区	1992		
黑龙江　2家			
黑河边境经济合作区	1992	绥芬河边境经济合作区	1992

3. 西部地区分布:12家

名称	批复时间(年)	名称	批复时间(年)
广西　2家			
凭祥边境经济合作区	1992	东兴边境经济合作区	1992

续表

名称	批复时间(年)	名称	批复时间(年)
新疆　4 家			
伊宁边境经济合作区	1992	塔城边境经济合作区	1992
博乐边境经济合作区	1992	吉木乃边境经济合作区	2011
云南　4 家			
瑞丽边境经济合作区	1992	畹町边境经济合作区	1992
河口边境经济合作区	1992	临沧边境经济合作区	2013
内蒙古　2 家			
凭祥边境经济合作区	1992	东兴边境经济合作区	1992

六、其他国家级开发区 58 家

1. 东部地区分布:43 家

名称	批复时间(年)	名称	批复时间(年)
辽宁　3 家			
大连金石滩国家旅游度假区	1992	沈阳海峡两岸科技工业园	1995
大连金普新区	2014		
天津　3 家			
天津滨海新区	1984	天津保税物流园区	2004
天津东疆保税港区	2008		
山东　6 家			
青岛石老人国家旅游度假区	1992	青岛保税物流园区	2004
大窑湾保税港区	2006	青岛前湾保税港区	2008
烟台保税港区	2009	青岛西海岸新区	2014
江苏　5 家			
张家港保税物流园区	1992	苏州太湖国家旅游度假区	1992
无锡太湖国家旅游度假区	1992	张家港保税港区	1992
南京江北新区	2015		
上海　4 家			
上海陆家嘴金融贸易区	1990	上海浦东新区	1992
上海佘山国家旅游度假区	1995	洋山保税港区	2005
浙江　4 家			
杭州之江国家旅游度假区	1992	宁波保税物流园区	2004
宁波梅山保税港区	2008	浙江舟山群岛新区	2011

续表

名称	批复时间(年)	名称	批复时间(年)
福建　10 家			
湄州岛国家旅游度假区	1988	福州台商投资区	1989
杏林台商投资区	1989	武夷山国家旅游假区	1992
厦门象屿保税物流园区	1992	福州市元洪投资区	2005
厦门海沧保税港区	2008	集美台商投资区	2010
福州保税港区	2010	福州新区	2015
广东　6 家			
广州南湖国家旅游度假区	1992	广东南沙新区	1993
珠澳跨境工业区	2003	深圳盐田保税物流园区	2004
广州南沙保税港区	2008	深圳前海湾保税港区	2008
海南　2 家			
洋浦保税港区	1992	三亚亚龙湾国家旅游度假区	1992

2. 中部地区分布:2 家

名称	批复时间(年)	名称	批复时间(年)
山西　1 家			
太原留学生创业园	2012		
湖南　1 家			
湖南湘江新区	2015		

3. 西部地区分布:13 家

名称	批复时间(年)	名称	批复时间(年)
内蒙古　2 家			
满洲里中俄互市贸易区	1992	东宁—波尔塔夫卡互市贸易区	2000
广西　2 家			
北海银滩国家旅游度假区	1992	钦州保税港区	2006
陕西　1 家			
陕西西咸新区	2014		
甘肃　1 家			
甘肃兰州新区	2012		
青海　1 家			
青海柴达木循环经济试验区	2005		

续表

名称	批复时间(年)	名称	批复时间(年)
新疆　2 家			
喀什经济开发区	2014	霍尔果斯经济开发区	2011
重庆　2 家			
重庆两路寸滩保税港区	2008	重庆两江新区	2010
云南　1 家			
昆明滇池国家旅游度假区	1992		
贵州　1 家			
贵州贵安新区	2014		